Lotte Bormuth

W0040202

Wunderbare
Weihnachtspost

francke

Über die Autorin:

Lotte Bormuth ist eine der erfolgreichsten christlichen Autorinnen Deutschlands. In über 100 Titeln hat sie mit Lebensbildern und eigenen Erlebnissen vielen Menschen Trost, Freude und Glaubensmut vermittelt. 1945 als Flüchtlingskind nach Deutschland gekommen, engagiert sie sich heute für syrische Flüchtlinge in ihrem Umfeld. Sie hat fünf Kinder, 17 Enkel und drei Urenkel und lebt mit ihrem Mann in Marburg.

Bibliografische Information Der Deutschen Nationalbibliothek
Die Deutsche Nationalbibliothek verzeichnet diese Publikation
in der Deutschen Nationalbibliografie;
detaillierte bibliografische Daten sind im Internet
über http://dnb.ddb.de abrufbar.

ISBN 978-3-86827-675-6
Alle Rechte vorbehalten
© 2017 by Verlag der Francke-Buchhandlung GmbH
35037 Marburg an der Lahn
Umschlagbilder: © shutterstock.com / Konstanttin
Umschlaggestaltung: Verlag der Francke-Buchhandlung GmbH /
Christian Heinritz
Satz: Verlag der Francke-Buchhandlung GmbH
Printed in Czech Republic

www.francke-buch.de

Inhalt

Weihnachtspost

Zu Weihnachten lädt der Postbote viele Grüße bei mir ab. Mich macht es glücklich, dass Leser an mich denken und mich mit dem Segen Gottes beglückwünschen. Von Frau Gläser erhielt ich zu Beginn der Weihnachtspost ein Gedicht, das ich gerne weitergeben möchte. Diese Christin hat mich besonders in der Zeit, als ich ehrenamtlich Flüchtlinge betreute, unterstützt und mir Kleidung, Koffer, Taschen und vor allem warme Decken zugeschickt. Das verbindet mich mit ihr. So schreibt sie:

Stecke mich an

Jesus, ich weiß nicht, ob ich eine kleine oder große Kerze vor dir bin.
Ich weiß nur, dass ich eine bin.
Du hast mich berufen zu brennen,
und nicht, um einen Platz in einer Kerzenausstellung einzunehmen.
Manchmal weiß ich nicht so richtig, ob ich „brennen" will,

weil es mir schwerfällt, immer kleiner zu werden.

Ich sehe aber ein, dass es besser ist zu brennen,

als in einem Museum bewundert zu werden.

Jesus, du bist das Feuer,

stecke mich mit deinem Feuer an.

Dann werde ich brennen, aber nicht verbrennen.

Bedürftige und Einsame
sind unsere Gäste

„Zum traditionellen Heiligabendfest der evangelischen Gemeinschaft kamen viele Obdachlose, Einsame und Flüchtlinge", so berichtete eine Reporterin, die an diesem schönen Abend teilnahm. „Seit 52 Jahren hat diese Feier ihre Tradition. Nun ging die Organisation an jüngere Mitarbeiter über. Jede Menge Kartoffelsalat, heiße Würstchen, grünen Salat, Brötchen und herrliche Torten ließen sich die hungrigen Gäste in dieser Christnacht im großen Saal der Gemeinde in der Schwanallee 37 schmecken. Neben dem kulinarischen Genuss stand der zwischenmenschliche Kontakt im Mittelpunkt. Denn darum geht es bei dieser traditionellen Feier: hungrige, bedürftige Menschen oder solche, die an Heiligabend allein hätten sein müssen, zu einem gemeinsamen Weihnachtsessen zusammenzubringen. Die Zutaten wie herrliche Leckereien und Esspakete für die Gäste stammen zum

Teil von Gemeindegliedern, aber auch von Geschäften, Supermärkten und Bäckereien. Freiwillige aus der Gemeinde bereiteten das Festessen zu.

‚Wir möchten uns für Menschen einsetzen, die am Rande der Gesellschaft stehen. Vielen fehlen die Mittel, ein schönes Fest zu gestalten, oder sie fühlen sich einsam‘, erklärte der Organisator Bernhard Schroer, der zusammen mit seiner Frau Andrea und mit einer Zahl von tüchtigen Helfern die Vorbereitungen übernommen hat. Zwischendurch wurde viel gesungen und auch einige Musikstücke wurden vorgetragen. Die geschmückten Tische waren den Abend über gut mit herrlichen Gaben gefüllt. Hier trafen sich alte und neue Bekannte zu einem gemeinsamen Mahl und zu einer regen Unterhaltung. Zwischendurch erfreuten sich die Gäste an alten und neuen Weihnachtsliedern. Der Gemeindepastor Robert Höppe hielt die Andacht zu diesem Fest.

Das Ehepaar Schroer stieg erst vor zwei Jahren in diese neue Aufgabe ein. Vorher trug die Familie Bormuth die Verantwortung für das Gelingen. Ein halbes Jahrhundert lang hatte das Seniorenpaar diese Festveranstaltung organisiert. Nun gaben sie die Leitung in jüngere Hände. Aber solange die beiden gesund sind und sich kräftig fühlen, sind sie unter den Gästen dabei und helfen auch bei den Vorbereitungen. Etwas wehmütig klangen die Worte von Lotte Bormuth, wenn sie an die Anfänge dieser Aufgaben zurückdachte. In einem spannenden Bericht erzählte sie den Gästen davon.

Der Anstoß zu diesem Tun war eine tiefe Erfahrung des Leids im Leben von Lotte Bormuth. Ihre Umsiedlung und Flucht 1945 aus dem Warthegau hat sie in ein großes Flüchtlingselend gestürzt. In Hessen fand sie mit ihrer Familie Zuflucht bei freundlichen, liebenswürdigen Menschen. Es war ihr Glück, dass sie von einer christlichen Familie mit all ihren Lieben in ihr Haus aufgenommen wurde. Familie Becker lud diese Flüchtlingsfamilie auch zu einer Weihnachtsfeier ein. ‚Wir hatten alles verloren und waren arm wie die Kirchenmäuse, und doch haben diese Menschen uns liebevoll versorgt. Das hat uns sehr geprägt‘, erzählte die Seniorin aus früheren Zeiten. Seit ihrer Verheiratung organisierte sie mit ihrem Mann und vielen freiwilligen Helfern die alljährliche Feier für

Bedürftige, die auch oft von den Oberbürgermeistern Herrn Vaupel und Herrn Spieß besucht wurde. Gerne richteten diese dann auch ein Grußwort an die Bürger ihrer Stadt.

Die beiden Bormuths standen immer morgens früh um vier Uhr auf und bereiteten für die Gäste fünf Eimer Kartoffelsalat. Stets brachten sie ihre Kinder mit zur Feier, die mit lustigen Theaterstücken und Gedichten die Gäste erfreuten.

An eine Situation kann sich Lotte Bormuth noch genau erinnern. Einer ihrer Söhne war gerade mal zwei Jahre alt und schlief an einem Heiligabend unter dem Weihnachtsbaum und der Krippe ein. Ein obdachloser Gast bemerkte das und deckte den kleinen Jungen liebevoll mit seiner Jacke zu. Es sind auch solche schönen Erinnerungen, die das Ehepaar motivierte, diese Tradition des Heiligabend aufrechtzuerhalten."

Mit dem Mut des Tapferen

Eine Gefangene erzählt:

In einer Haftanstalt lagen wir Strohsack an Strohsack dicht zusammen in unserer Zelle. Nur durch ein kleines Fensterchen wehte ein frisches Lüftchen herein. Zweimal am Tag trat ein Wachmann zu uns und forderte uns mit lauter Stimme auf: „Na Uburnuja!" Das hieß: „Marsch, marsch, auf die Toilette." Dann mussten wir immer sofort von unserem Lager aufspringen und zum Klosett laufen. „Bystro, bystro, schnell, schnell", hallte es durch den Raum.

Es war an einem Sonntagmorgen. Wir saßen auf dem Boden und feierten Gottesdienst. Auch die beiden angrenzenden Stuben rechts und links konnten durch einen Spalt und ein großes Astloch zuhören. Dort waren recht junge Mädchen eingeschlossen. Wir sangen unsere Choräle, beteten zusammen, lasen Psalmworte und führten uns auch die Losung des Tages zu Gemüte. Zum Schluss sprachen wir noch zusammen das Vaterunser und hörten auf den Segen, den eine Kameradin uns zusprach. Plötzlich – mitten in unser Beten hinein – hörten wir wieder den Ruf: „Na Uburnuju!" Da stand ich mutig vom Fußboden auf und rief dem Aufseher einige mir bekannte russische Wortbrocken zu: „Bratzie, tziepiere sasspiewajem i pomolimsja tosha sä wasz" (Bruder, jetzt wollen wir singen und auch für euch beten). Es war erstaunlich. Der junge Russe verließ leise die Zelle und schloss hinter sich die Tür. Wir konnten den Gottesdienst gut zu Ende bringen. Für mich kam es einem Wunder gleich, dass wir fortan nie mehr in unseren Andachten am Morgen und Abend gestört wurden.

So handelt Gott

Um eine uns nahestehende Familie bemühte ich mich schon lange. Ich rief sie an und besuchte sie, um den Kontakt zu ihnen aufrechtzuerhalten und sie mit der Botschaft des Evangeliums bekannt zu machen. Auch als sie aus beruflichen Gründen umzogen, suchte ich in ihrer Stadt nach Menschen, die sie in die Gottesdienste einladen sollten. Mir lagen vor allen Dingen ihre zwei Kinder am Herzen.

Ich habe mich sehr gefreut, als ich eine junge Frau fand, die bereit war, die Kleinen in die Kinderstunde ihrer christlichen Gemeinde mitzunehmen. Aber damit waren die Eltern nicht einverstanden und baten mich, ihnen keine fremden Menschen ins Haus zu schicken.

Natürlich machte mich ihre ablehnende Art traurig, denn ich hatte es doch nur gut gemeint. Kinder brauchen Jesus als ihren Heiland und nicht früh genug können sie mit ihm bekannt gemacht werden. Das weiß ich aus eigener Erfahrung. Ich habe früh begonnen, meine fünf Kinder mit der Botschaft des Evangeliums bekannt zu machen. So hörten unsere vier Söhne und unsere Tochter jeden Tag eine Geschichte aus der Kinderbibel und haben sie gerne in ihrem jungen Leben verinnerlicht. Oft haben sie die Berichte aus den Evangelien sogar nachgespielt, und darüber war ich erfreut.

Ein Beispiel dazu will ich erzählen. Mächtig war ich über das Verhalten unserer beiden Großen im Badezimmer verärgert. Sie spielten die Erzählung „Jesus und der Sturm" nach und ließen dabei das Wasser weit über den Wannenrand spitzen. Der Fußboden war total nass. So hörte ich in der Küche, wie sie laut riefen: „Der Wind ist stürmisch und die Wolken ziehen über das Meer. Der Regen lässt die Fluten mächtig steigen, sodass das Boot sich bis zum Rand mit Wasser füllt. Es droht schon unterzugehen. ‚Jesus, Jesus, hilf uns, wir versinken!', riefen die Jünger laut. Dann hörte ich die angstvollen Worte: ‚Jesus, komm schnell herbei und rette unser Schiff, sonst ertrinken wir. Die Wellen schlagen immer höher.' Jesus trat in das Boot und befahl dem Sturm: ‚Schweig und verstumme!' Sogleich hörte der Wind auf und die Wogen beruhigten sich. So wurden die Jünger gerettet."

Mir machte das Spiel der Kleinen viel Mühe, denn es dauerte eine Weile, bis ich die Folgen der Überschwemmung im Bad wieder beseitigt hatte. Aber ich freute mich darüber, dass unsere fröhliche junge Schar diese Botschaft der Bibel verinnerlicht hatte. Es war nämlich ihre Lieblingsgeschichte.

Das wünschte ich mir auch für die mir bekannte Familie. Ihre Kinder sollten früh mit dem Evangelium vertraut werden. Aber durch die schroffe Haltung der Eltern war meinem Bemühen ein Riegel vorgeschoben. Sie verboten mir die Einmischung in ihre Privatsphäre. Sie wollten keine fremden Personen in ihrem Haus sehen, die sich um ihre Kleinen kümmerten.

Nun waren mir die Hände gebunden, und das machte mich traurig. Aber es ist hilfreich in meinem Leben, wenn ich mit allen Enttäuschungen zu Jesus komme und ihn um Weisung bitte. So erhielt ich die klare Ansage: „Lotte, halte dich aus diesen Familienangelegenheiten heraus und vertraue mir. Wähle einen anderen Weg für die Kinder, die dir so sehr am Herzen liegen. Bete täglich für sie und stelle sie unter meinen Schutz! Ich weiß um Mittel und Wege, wie ich die Herzen der Kleinen erreichen kann." Das war Gottes Zuspruch für mich.

Inzwischen waren zwei Jahre ins Land gegangen, in denen ich täglich für diese Kleinen meine Hände faltete. Ein großes Wunder durfte ich erleben. Durch ein Telefonat erfuhr ich, wie sehr sich diese Kinder auf Weihnachten freuten. Bei einem Krippenspiel in der großen Kirche der Stadt durften sie beide als König und Engel auftreten. Sie erhielten sogar die längsten Sprechrollen. Mehrere Wochen lang hatte ein Pfarrer mit seinen freiwilligen Helfern dieses kleine Krippenspiel eingeübt. In schöner Krone und herrlich großen Flügeln durften die beiden Kinder mit lauten Stimmen an Heiligabend vor einer übervollen Kirche die Botschaft vom Jesuskind in der Krippe aufführen.

Natürlich war ich ganz neugierig darauf zu erfahren, wie es zu diesem Weihnachtsspiel gekommen war. So erzählte mir die Mutter später Folgendes: „In der Schulklasse hat unsere Tochter eine nette Freundin gefunden, die in einem Kirchenchor für Kinder engagiert ist. Sie hat ihre Freundin zur Krippen-aufführung eingeladen und auch zum Singen. Natürlich wollte auch der große Bruder nicht hintanstehen, und so wurde ihm die Rolle des Königs übertragen. Mit Begeisterung waren sie bei den Proben dabei."

Welch ein Glück, dass auf diese Weise der Zugang für meine Gebetskinder zum Kindergottesdienst gegeben war. Später, als ich dem kleinen Mädchen persönlich begegnete, wollte mir die Kleine unbedingt ihren Part bei der Weihnachtsgeschichte vorsprechen. Ich war einverstanden, natürlich, und so trug sie mir ihren Text vor. Es war der Ruf des Engels an die Hirten: „Fürchtet euch nicht! Siehe, ich verkündige euch große Freude, die allem Volk widerfahren wird. Denn euch ist heute der Heiland geboren, welcher ist Christus, der Herr!" Diese Botschaft des gesandten Engels ging mir an diesem Tag nicht mehr aus dem Sinn. Neu begriff ich: Auch für mich ist Christus in Bethlehem geboren. Das ist die Heilsbotschaft meines Erlösers für die Welt.

Eine fromme Babuschka

Ausgelaugt, todmüde und vor allem hungrig saßen einige deutsche Gefangene auf der Ladefläche eines Lastwagens. Nur ein Gedanke zermarterte ihren Sinn. Woher bekommen wir Brot? Ihr Magen rebellierte vor Hunger. Quälend waren die Entbehrungen, die sie in diesem harten Arbeitslager zu erdulden hatten. „Sind wir denn gänzlich von Gott verlassen? Kümmert sich niemand mehr um uns? Hat man uns schon ganz aufgegeben?", so fragten sie sich. Alles, wonach sie sich sehnten, war ein Teller Krautsuppe und ihr Strohsack in den unwirtlichen Baracken, die von hohem Stacheldraht umgeben waren. In der Nähe des Schrottplatzes waren sie notdürftig errichtet worden.

Plötzlich kam an einer Kreuzung ihr Lastauto zum Stehen. Der Motor hatte seinen Geist aufgegeben. Der Fahrer probierte ihn wieder in Gang zu bringen und hantierte an dem Motor herum. Aber vergeblich. Nun mussten sich die Gefangenen in ihren schmutzigen und zerrissenen Klamotten auf eine längere Wartezeit einstellen. Sie beobachteten die Menschen auf dieser verkehrsreichen Kreuzung und hingen dabei ihren verzweifelten Gedanken nach. Es war zum Heulen. „Wir sind verlassen, keiner denkt an uns", mussten sie sich eingestehen.

Plötzlich stieß ein Kamerad seinen Nachbarn in die Rippen. „Siehst du da drüben am Straßenrand die Babuschka?" Ein altes Mütterchen mit ihrem Enkelkind war stehen geblieben. Sie blickte zu den Soldaten auf dem Lastwagen hinüber. Als sich ihre Blicke trafen, verneigte sich die Frau tief, wie es beim Beten üblich ist, und schlug das Kreuz. In diesem Augenblick wussten sich die Gefangenen in ihrem Gebet mit eingeschlossen. „Nein, wir sind noch nicht vergessen. Solange für uns auch nur ein Mensch seine Hände faltet, dürfen wir hoffen!", rief ein Kamerad aus. Der Glaube dieser alten Frau gab den Gefangenen neuen Mut. Ihre Frömmigkeit richtete sie wieder auf und machte ihre Herzen zuversichtlich. Ein Strahl göttlicher Zuversicht ließ sie innerlich erstarken. Noch waren sie nicht vergessen. Gegenseitig schubsten sie sich an, blickten zu dieser alten Babuschka hinüber und winkten ihr zu.

Die Adventskalender

Bei der großen Firma Ferrero in Stadtallendorf darf ich mir immer zu unserer Weihnachtsfeier für Bedürftige, Einsame und Flüchtlinge gute Gaben abholen. In froher Erwartung, dass ich sicher wieder mit vielen Schokoladenpaketen beschenkt würde, fuhr ich dorthin. Im Flur dieser Fabrik waren schon fünf riesengroße und zwei kleine Kartons aufgestapelt. Mein Herz schlug beim Anblick dieser herrlichen Schokoladengeschenke höher. Aber zu Hause erlebte ich eine bittere Enttäuschung. Nur in den beiden kleineren Paketen waren Pralinen und Schokoladenriegel eingepackt. Solche Süßigkeiten brauchen wir immer sehr dringend für unsere Festfeier. Die großen Kisten aber enthielten lauter Adventskalender für Kinder. Sie waren wunderschön und hinter den Türchen entdeckte ich Weihnachtsmänner, Schokoladenherzen und süße Sternchen. Der Firma war sicher daran gelegen, dass sie diesen Restposten von Kalendern noch an den Mann bringen konnte, denn die Adventstage standen unmittelbar bevor.

Zu Hause überkam mich die Sorge: Ich kann doch diese herrlichen Kalender für die Adventszeit nicht an Weihnachten an unsere vielen erwachsenen Gäste verteilen? Denn es kamen immer wesentlich mehr Erwachsene als Kinder. Ich müsste wohl auf den Weihnachtsmarkt gehen und dort Kinder mit diesen Geschenken beglücken. Doch draußen war es schon bitterkalt und zudem würde mir mit meinen 83 Jahren das lange Stehen sehr schwerfallen. Über süße Pralinen hätten sich die Gäste unserer Feier viel mehr gefreut. Ich war ratlos. So brachte ich meine Bedenken vor Gott und bat ihn um Hilfe.

Dann hatte ich eine gute Idee. Ich telefonierte mit dem Jugendpastor unserer Gemeinde und fragte ihn, ob er Verwendung für so viele Adventskalender hätte. Sie seien wirklich schön und würden Kinderherzen erfreuen. Fast wurde ich durch einen Freudenschrei unseres Pastors erschreckt: „Frau Bormuth, das ist ja ein wunderhübsches Geschenk für unseren Kindergottesdienst in der Gemeinde. Außerdem kenne ich noch mehrere Mitarbeiter in Kindergärten, Heimen und Schulen, denen ich damit eine Freude bereiten kann. Fünf Kisten ist ja eine Riesenmenge. Vielen Dank!"

Ich war erleichtert und mit unserem Auto brachten wir die schönen Geschenke zum Jugendpastor. Diese bunten, mit Süßigkeiten gefüllten Adventskalender haben viele Kinderherzen froh gemacht und meine Bedenken, die ich zunächst hatte, zerstreut. Ich gerate öfter in für mich aussichtslose Situationen, aber noch nie hat mich Jesus im Stich gelassen. Vor langem Stehen in der Kälte auf dem Weihnachtsmarkt blieb ich bewahrt. Unser Jugendpastor hatte für Abhilfe gesorgt und vielen Kleinen Freude bereitet.

Eine humorvolle Weihnachtsfeier

Die Wochen vor Weihnachten sind für mich eine freudenreiche Zeit, denn ich werde gleich zu mehreren Feiern eingeladen. Das hängt mit dem Beruf meines Mannes zusammen, der während seiner Dienstzeit zugleich an mehreren Instituten und Schulen als Dozent eingesetzt war. Das Fest in der Theologischen Hochschule in Tabor wurde für mich zu einem besonders schönen Erlebnis. Selten habe ich an einer solch ernst gestalteten Feier so laut gelacht wie in diesem Jahr. Der Gärtner dieser Hochschule sollte an diesem Festtag nach seinem vierzigjährigen Jubiläum verabschiedet werden. Ich kenne ihn sehr gut, denn er hat mir schon öfter hilfreiche Tipps für meinen Gemüsegarten gegeben. Einmal hatte er mir sogar junge Salat- und Krautpflanzen geschenkt, die ich dann auf unseren Beeten einpflanzen konnte.

So berichtete er aus seiner vierzigjährigen Dienstzeit. Ihm an die Seite gestellt waren junge Studierende, die in ihrer Freizeit zur

Pflege des Grundstücks ihrer Hochschule eingeteilt wurden. Allein hätte er die Menge der Arbeit im Taborgarten und um das sonstige Grundstück nicht bewältigen können. Fleißig waren die Studenten der Theologie in ihrem Tun, aber nicht immer war ihr Einsatz von Erfolg gekrönt.

An einem Samstagmorgen befahl der Gärtnermeister einem jungen Bruder, wie die Studierenden an dieser Hochschule genannt wurden, das Gras vom Grundstück abzumähen. Selbst zu dieser frühen Morgenstunde schien die Sonne schon heiß vom Himmel und der Schweiß tropfte dem jungen Mann von der Stirn. Aber er blieb eifrig bei seiner Arbeit und wollte sich auch zur Zufriedenheit seines Meisters tüchtig anstrengen. Um kurz vor 12 Uhr hatte er all seine Arbeit geschafft und berichtete stolz seinem Chef, dass er überall das Gras gemäht und das Unkraut beseitigt habe. Sogar um die Gewächshäuser herum habe er das Grünzeug abgemäht. Nun herrsche im Garten wieder Ordnung. Der Gärtnermeister ahnte schon nichts Gutes. Um die Gewächshäuser herum war doch gar kein Rasen gesät. Tief atmete er durch und machte sich auf den Weg, um die

Arbeit seines Gehilfen zu begutachten. Als er sich den Gewächshäusern näherte, sah er das Malheur schon von Weitem. Sämtliche Kräuter, die hier gepflanzt gewesen waren, um an Salaten und Gemüsesuppen für einen würzigen Geschmack zu sorgen, waren total abgesäbelt. Dieses Jahr würde es keinen Schnittlauch, keine Petersilie und kein Maggikraut geben. Schon halb verwelkt lagen die wertvollen Kräuter auf der Erde.

Bei einem solchen Missgeschick hätte ich tüchtig losgeschimpft. Aber der Gärtnermeister sah das verwirrte Gesicht des jungen angehenden Theologen, der enttäuscht war, dass er für seinen fleißigen Einsatz nicht gelobt wurde, nahm ihn herzlich in seine Arme und sagte: „Mein lieber Bruder, was hast du hier nur gemacht. Dein gutes Verhältnis zur Köchin hast du eingebüßt. Weißt du denn gar nicht, wie Küchenkräuter aussehen?"

Diese Pflänzchen hatte der junge Student nicht in seinem Blick gehabt. Nun hätte er eine tüchtige Strafpredigt verdient und nicht eine warmherzige Umarmung seines Meisters.

Ist das nicht die beste Lösung für ein Missgeschick? Mit noch größerer Achtung und

Ehrerbietung begegnete fortan der junge Bruder seinem Chef. Solch eine Liebe und Wertschätzung ist einzigartig und nachahmenswert.

Nach Hause kommen!

War das immer eine Freude, wenn mein Mann nach einer längeren Dienstreise nach Hause kam. Sehnsüchtig wurde er vor allen Dingen von den Kindern erwartet. Sie fragten schon Tage zuvor: „Mama, was wird Papa uns diesmal mitbringen?" Mein Mann kam nämlich nie mit leeren Händen heim. Immer lagen in seinem Auto größere oder kleinere Pakete. Mir blieb dadurch das Einkaufen erspart, und meinem Mann machte es Spaß, seinen Kindern nie mit leeren Händen zu begegnen. Er hatte im Laufe unserer Ehe den Gang zum Kaufmann übernommen, seitdem er Besitzer eines Volkswagens war.

Einmal kam er aus Amsterdam zurück. Dort hatte er in einem Geschäft eine riesengroße Käsetheke entdeckt. Das löste bei ihm Freude aus. Da griff er tüchtig zu und kaufte die besten Sorten. Der Kaufmann war über die große Menge der Waren erfreut und legte ihm an der Kasse noch ein halbes Pfund Butter als Geschenk hinzu. „Für deine fünf Kinder!", fügte er noch hinzu. Mein Mann hatte ihm erklärt, dass zu Hause eine große Familie auf ihn wartete. Der gute Edamer, der Tilsiter und Gouda reichte dann für mehr als einen Monat, um die hungrigen Mäuler zu sättigen. Ich freute mich über den reichhaltigen Kauf, denn wir erwarteten in den kommenden Wochen noch viel Besuch.

Zwei Monate später fuhr mein Mann für sechs Wochen nach Amerika, um dort bei unseren Diakonissen in ihren Gemeinden das Wort Gottes zu verkündigen. Seine Englisch-kenntnisse waren ausgesprochen gut, denn er hatte Anglistik studiert. In England hatte er sie erworben, als er dort während seines Studiums der Theologie zusätzlich noch eine Bibelschule besuchte und die Art der Verkündigung kennenlernte. Da er kurz vor Weihnachten wieder zurück sein würde, fragte er unsere vier Söhne und die Tochter: „Was wünscht ihr euch zu Weihnachten und was soll ich euch aus Liberty Corner mitbringen?"

Unser Jüngster ließ sich nicht zweimal darum bitten. Wie aus der Pistole geschossen sagte er: „Papa, bring mir ein Paar Blue Jeans, Roller Skates und ein Glas Peanut Butter mit."

Mein Mann wehrte ab. „Daniel, diesen Wunsch werde ich dir nicht erfüllen können. Mein Koffer kann so viele Geschenke nicht aufnehmen." Daraufhin schmiegte sich unser Jüngster dicht an mich heran. „Mama, du weißt doch, dass mir Papa alle Bitten erfüllen wird. Ich kenne ihn sehr gut. Er wird alles daransetzen, um mich glücklich zu machen." Mein Sohn behielt recht. Auf dem Flughafen brauchte Karl-Heinz noch nicht einmal vor dem Zoll sein Reisegepäck zu öffnen. Zu Hause war die Freude groß.

Als Daniel die Schule und auch die Universität erfolgreich beendet hatte, wurde ihm eine Stelle als Pastor in Bad Sooden angeboten. In seiner ersten Predigt wählte er das Wort aus Matthäus 7,7: „Bittet, so wird euch gegeben. Suchet, so werdet ihr finden, klopfet an, so wird euch aufgetan." Er endete seine Verkündigung mit folgenden Worten: „Wir haben auch einen wunderbaren Vater im Himmel, der seine Kinder nie unbefriedigt lässt. Unser himmlischer Herrgott hat ein feines Ohr für unsere Bedürfnisse. Er enttäuscht seine Kinder nicht, wenn sie Hilfe brauchen oder Wünsche äußern. Voller Vertrauen dürfen wir uns an ihn wenden."

Während seiner Predigt richtete Daniel einen Aufruf an die Gemeinde: „Als euer neuer Hirte der Gemeinde habe ich auch eine große Bitte an euch. Vertraut mir eure Kinder an. In der Sonntagsschule will ich den Kleinen die Liebe Gottes vermitteln. Das ist mein größter Wunsch für meinen Pfarrdienst bei euch."

Es war erstaunlich, wie unserem Sohn diese Bitte erfüllt wurde. Schon im nächsten Monat lud er die Jungen und Mädchen seiner Stadt in das Gemeindehaus ein, um für Weihnachten ein Krippenspiel einzuüben. Viele Kinder ließen sich dazu einladen. So gab es eine Reihe Engel, Könige und Hirten. Auch eine passende Maria und einen Josef konnte er finden und in die Krippe wurde eine Puppe gelegt. Die Kinderarbeit in seiner Gemeinde begann mit einer beeindruckenden Weihnachtsaufführung. Die Kinder- und Jugendarbeit blühte auf und schon bald musste er eine Jugendleiterin einstellen. Gott hatte ihm seine Bitte erfüllt.

Daniel beendete seine Predigt mit folgenden Worten: "Auch mein Vater konnte mir mein Verlangen nicht in den Wind schlagen. Von Amerika hat er mir alle drei erbetenen Geschenke mitgebracht. Voller Stolz sagte ich zu meiner Mutter: ,Mama, ich kenne doch meinen Papa, er versagt mir meine Bitten nicht. In seiner Nähe habe ich es unendlich gut.'"

Während ich dieses Erlebnis zu Papier bringe, werde ich an eine ähnliche Begebenheit erinnert: Nach einem achttägigen Evangelisationsdienst kam mein Mann nachts so gegen zwei Uhr nach Hause. Die Kinder hatten mich gebeten, sie unbedingt zu wecken, egal, wie spät es war. Sie wollten ihren Papa, auf den sie nun schon so lange verzichten mussten, herzlich begrüßen und ihm beim Auspacken des Autos helfen. Ein Jubelgeschrei brach los, als ich sie weit nach Mitternacht aus den Betten holte. Im Schlafanzug und in Pantoffeln begrüßten sie ihn herzlich: „Papa, da bist du ja!" Schon schleppten sie Koffer, Aktentasche und anderes ins Wohnzimmer. Unsere fünf wussten: „Wir haben einen Papa, der auf seinen Reisen immer etwas Schönes für uns aussucht. Nie kommt er mit leeren Händen heim." Aber am allerschönsten ist es, wenn Papa ihnen noch die netten Erlebnisse von seinen Reisen erzählt. Und so hatten unsere Kinder dann auch in der Schule ihren Freunden viel zu berichten. Heimkommen ist wunderbar.

Ein Leben in der Verfolgung

Von Jakob Esau will ich berichten. Er wurde zu unserem Freund, als er das Marburger Bibelseminar besuchte. Er wollte, da er keine befriedigende theologische Ausbildung in Russland genossen hatte, seine Kenntnisse aufbessern, um mit Vollmacht in den Verkündigungsdienst hier in Deutschland neu einsteigen zu können. Er war der Älteste in der Gruppe der Bibelschüler, wurde aber von allen herzlich aufgenommen. Öfter war er auch unser Gast und wir waren auf seine Erzählungen immer sehr gespannt. So hat er uns auch viel berichtet, was er unter Stalins Diktatur in den Straflagern erlebt hat.

Zum ersten Mal saß ich einem Mann gegenüber, der um Christi willen Verfolgung erleiden musste. Es war ein bewegtes Dasein und ich will auch meine Leser daran teilhaben lassen, denn ich halte es für dringlich, dass wir die Christen, die in Gefängnissen sitzen müssen, in unseren Gebeten nicht vergessen. Noch nie sind so viele oft junge Menschen eingesperrt, gefoltert und gedemütigt worden wie heute. Wir in Deutschland kennen diese Nöte nicht. In großer Freiheit dürfen wir leben, aber es ist unsere Verpflichtung, die Brüder und Schwestern in der Verfolgung um ihres Herrn willen nicht zu vergessen.

Jakob Esau hat mich mit seinem Zeugnis stark beeindruckt. Nach seiner Ausbildung im Bibelseminar in Marburg stand er vor allem im Dienst an den Russlanddeutschen, die nun in der Freiheit leben konnten, aber unbedingt in ihrem Christsein gefördert werden sollten. Später habe ich Jakob Esau noch einmal in Oberstdorf getroffen. Dort hielt er eine Freizeit für seine Landsleute und unsere Begrüßung war herzlich und innig. Es war das letzte Mal, dass ich ihm begegnen konnte. Nicht lange danach hat Gott seinen treuen Arbeiter im Weinberg Christi in sein himmlisches Reich heimgeholt. Schon als junger Mensch ließ er sich in den Dienst für Jesus stellen, aber seine Erfahrungen waren von entsetzlichen Anfechtungen bedroht.

Bei einer Tasse Kaffee berichtete er uns viel aus seiner Heimat. Die Kirchen in Russland waren oft mit solch hohen Steuern belegt, dass die gläubige Gemeinde kaum das Geld dafür aufbringen konnte. Von einem Bauern weiß ich, dass er seine letzte Kuh verkaufte, um das Gotteshaus zu erhalten. Aber zwei Jahre später wurde es ihm doch genommen, weil die Abgaben stark erhöht wurden. So zogen sich die Christen in ihre Häuser zurück, räumten ihre Schlafstuben leer und feierten nun hier ihre Gottesdienste. Jakob Esau wurde nun von den Gemeindeältesten beauftragt, rings im Land herumzureisen und diese kleineren Hauskirchen im Glauben zu fördern. Aber dieser „religiöse Propagandadienst", wie seine Aufgabe von der Miliz genannt wurde, war dem Staat ein Dorn im Auge. Er wurde verklagt, weil er eine Bibel besaß und über das göttliche Wort Versammlungen hielt. Als eine Reihe junger Männer zum Glauben an Jesus fand, waren die Bolschewiken darüber besonders verärgert.

Er wurde gefangen genommen und an einem Karfreitag sollte das Urteil gesprochen werden. Die Nähe seines Heilands, der ja auch viel Anfechtung und sogar den Tod am Kreuz erlitten hatte, gab ihm eine innere Ruhe und Gelassenheit und verscheuchte alle Furcht. Er versuchte sogar seine leidenden Mitgefangenen zu trösten und ihnen Mut zuzusprechen. Er konnte nicht schweigen, sondern musste reden und erzählte anderen hoffnungsvoll von den Taten seines Heilands. Das aber wurde den Aufsehern bekannt und daraufhin brachte man ihn in eine besondere Strafzelle, wo er noch weniger zu essen bekam und körperlich fast einen Zusammenbruch erlitt. Vor ein Kriegstribunal wurde er nun gestellt, bei dem auch sein Vater anwesend war, um seinem Sohn beizustehen. Als der seinen Jungen abgemagert und in Handschellen vor sich sah, fiel auch der Vater fast in Ohnmacht. Jakob Esau aber wurde ein besonderes Maß an Kraft und Mut von Gott geschenkt.

Während seine Anklage verlesen wurde, betete er still in seinem Herzen. So befreite ihn Jesus von Angst und schenkte ihm Durchhaltevermögen. Seine Strafakte war so umfangreich wie ein dickes Buch. Ihm wurde vorgeworfen, dass er junge Menschen unter dem Deckmantel der Religion faschistisch verführt hätte. Der Staatsanwalt forderte für dieses Vergehen die Todesstrafe. Doch vor diesem schrecklichen Damoklesschwert wurde er bewahrt. Man begnadigte ihn zu einer Haftstrafe von 25 Jahren. Das war für ihn eine unbeschreibliche Freude und ein besonderes Geschenk von Jesus. Denn er wusste: Ich werde am Leben bleiben. Damals war er 22 Jahre alt.

Es erschütterte ihn nicht, dass er nun seine Jugendzeit hinter Gefängnismauern verbringen musste. Es war der starke Glaube an Jesus, der ihn durch die anfechtungsreiche Zeit trug. Sein Glaube an Jesus war ihm ein starker Halt und es war ihm ein Anliegen, den anderen Gefangenen von seinem Herrn zu erzählen und hinter verschlossenen Türen mit ihnen zu beten. Dabei erfüllte ihn eine tiefe Freude, dass Jesus ihn für wert achtete, diese Haft um seines hohen Namens willen zu erleiden. So wurde er sogar für seine arglistigen Wärter zum Zeugen für Christus.

Einer von ihnen, der von der göttlichen Botschaft ergriffen wurde, sprach Jakob an und fragte ihn, ob er denn Hunger hätte. Er bejahte, und nach einer kurzen Weile brachte ihm der Aufseher mehrere Scheiben Brot.

Esau konnte sein Glück nicht fassen. Immer öfter trafen sich die beiden und wurden fast Freunde. Es war, als ob der Aufseher vom Hunger nach Gott erfüllt wurde. Ja, die beiden falteten sogar gemeinsam ihre Hände und vereinten sich im Gebet zu Gott. Natürlich geschah dies nur im Verborgenen. So wurde dieser Aufseher auch Christ. Eine herzliche Liebe verband die beiden und der Aufseher wurde bereit selbst seinen Freunden Christus zu bezeugen. Die Folge war, dass sich hier eine kleine christliche Gemeinde bildete. In einem solchen Kreis fand auch ein Ingenieur zum Glauben an Jesus. Ihm lag es am Herzen, die frohe Botschaft in seiner Gegend bekannt zu machen. Er erhielt als Angestellter des Gefängnisses auch Zugang zu den Häftlingen. So nahm er diese Gelegenheit wahr, eine Bibel einzuschleusen. Das Beten und Fasten der Christen hatte Gottes Arm bewegt, obwohl ihnen der Verzicht auf die dürftige Suppe nicht leichtgefallen war. Sie tranken während des Betens kein Wasser und aßen auch kein Brot, um ihr Innerstes ganz auf Gott zu konzentrieren. Aber noch immer bestand die große Gefahr, dass den Gläubigen das teure Bibelbuch bei einer *Razzia* abgenommen werden könnte.

Als sie später einmal diesem Ingenieur begegnen durften, hätten sie ihn vor Freude gerne umarmt und ihn mit einem Bruderkuss geehrt. Aber dazu durften sie sich nicht hinreißen lassen. In ihrem Herzen aber räumten sie ihm ein warmes Plätzchen ein.

Es gab viele Durchsuchungen, bei denen glücklicherweise die Bibel nicht entdeckt wurde. Aber einmal fand ein junger Soldat das teure Bibelbuch unter einem Kissen versteckt. Er wusste sofort, dass ihm die Biblia, wie er sie nannte, in die Hände gefallen war. Aber dieser Aufseher war so freundlich und den Gefangenen zugetan, dass er ihnen die Bibel wieder unters Bettzeug schob, denn es war das liebste Buch der Gefangenen.

Für Jakob Esau folgte eine stark belastende Zeit. Während draußen in der Natur der Frühling Einzug hielt und die Knospen zum Blühen ansetzten, bedrückten den jungen Christen die achtzehn unerbittlichen Jahre, die er als Schwerverbrecher, wie er bezeichnet wurde, noch abzusitzen hatte. Würde er die Demütigung, die Schläge, die Sklavenarbeit, den Hunger, die Kälte überhaupt bis zum Ende ertragen können?

Aber diese entsetzlichen Anfechtungen ließen ihn an seinem Gott nicht irre werden. Letztlich hatte Gott der Herr sein Leben im Visier und diesen brutalen Herrschern war auch nicht die Macht über sein Dasein gegeben.

Im März 1953 starb Stalin. Dadurch kam bei den Häftlingen die Hoffnung auf, sie könnten aus der Haft entlassen werden. Jakob Esau lag zu der Zeit auf der Krankenstation. Plötzlich hörte er durch das geöffnete Fenster die Durchsage, dass eine Reihe von Gefangenen von ihren Fesseln befreit werden konnten. Auf die um Jesu willen im Gefängnis lebenden Christen wartete nun die Freiheit.

Plötzlich waren die Offiziere ihren Gefangenen gegenüber freundlich gestimmt. Eine Wende war eingetreten und Jakob Esau entging einer Untersuchung seines Zimmers. So wurde die Bibel, die noch immer unter seinem Kissen versteckt war, nicht entdeckt. Der Wärter ging an seinem Bett vorbei, ohne ihn zu filzen. Welch treuer Gott stand Jakob Esau zur Seite! Er konnte es kaum fassen, als ihn ein anderer Sträfling aus seinem Schlaf weckte und ihm sagte, dass auch er zu denen gehörte, die nach Hause entlassen würden. Sein Herz machte Luftsprünge, als man ihm mitteilte, dass er nach dem Krankenhausaufenthalt nicht mehr zur Schwerstarbeit herangezogen werden würde. Saubere Kleidung zog er sich an und die Entlassung aus der Haft stand ihm kurz bevor. Nie hätte er damit rechnen können, dass ihm solche Hilfe widerfahren würde, denn das Oberste Gericht hatte ihm damals gesagt: „Jakob Esau, Sie müssen jetzt die 25 Jahre Haft voll absitzen. Mit einer Begnadigung und einer frühen Entlassung brauchen Sie nicht zu rechnen."

Aber bei Gott geschehen immer wieder Wunder. Es war erstaunlich, dass Jakob Esau in der Nacht vor seiner Entlassung sogar noch schlafen konnte, wenn auch mit Unterbrechungen. Er hätte jetzt völlig gelöst und frei sein können, da ihm die Heimat vor Augen stand, und doch fiel ihm der Abschied von den anderen Gefangenen schwer.

In einem Flugzeug trat er die Heimreise an. Als er aus dem Flieger ausstieg, zitterten ihm vor Aufregung die Knie. Nun galt es, seine Eltern aufzusuchen, die in der Millionenstadt Nowosibirsk in einen anderen Stadtteil gezogen waren. Endlich konnte er sie finden. Seine Mutter drückte ihn liebevoll an sich und über ihre Wangen floss ein Tränenstrom, als sie sich gegenüberstanden. „Junge, da bist du ja!", rief sie in großer Freude aus. Dann versagte ihr die Stimme. Bis in die lange Nacht hinein dauerten die Gespräche. Glücklich war Esau über die Nachricht, dass es in dieser Gegend eine Erweckung gegeben hatte. Auch die jungen Leute aus seinem früheren Jugendkreis, denen er das Evangelium verkündigt hatte, waren standhaft geblieben. In vielen Privatwohnungen versammelten sich die Menschen, um zu beten und die Bibel zu lesen. In großen Scharen fanden viele in die Gemeinschaft mit Gott.

Jakob Esau selbst wurde wieder zum Predigen beauftragt. Bis in die Gegend, wohin die Verbannten verschleppt waren, reiste er. Nun aber waren auch sie frei von ihren Fesseln. Jakob Esau wurde geraten, keine körperlich schwere Arbeit anzunehmen, sondern seine ganze Kraft dem Evangelium zur Verfügung zu stellen. Für seinen Unterhalt – dabei wurden auch seine alten Eltern nicht vergessen – sorgten die Gläubigen der Gemeinde. Leider war dies nur eine kurze Zeit möglich, denn die Kommunisten erfuhren davon und Jakob Esau wurde auferlegt, wieder einer schweren Arbeit nachzugehen.

Ein besonderes Geschenk wurde ihm

noch zuteil. In Katharina, mit der er zusammen auf der Schulbank gesessen hatte, fand er die Frau fürs Leben. Sie wusste um seine Gefangenschaft und hatte lange für seine Befreiung die Hände gefaltet. Nun fügte es Gott, dass sie sogar ein Ehepaar wurden. Im November 1956 schlossen sie vor Gott ihre christliche Ehe. In den Jahren 1955 bis 1959 schenkte der Herr den christlichen Gemeinden inneren und auch äußeren Frieden. Aus dem Ausland durften sie wieder Pakete empfangen. So fanden aus Kanada, Deutschland und Amerika viele Bibeln den Weg nach Russland. Sogar christliche Gesangbücher wurden in die Gemeinden geschickt.

Nach dieser wunderbaren Erweckungsbewegung, in der sich der Friede Gottes über die Christen ausbreitete und Jakob Esau zum Dienst am Evangelium eingesegnet wurde, legte er ein Versprechen vor der Gemeinde ab. Er wurde bereit, zum Leiden für Gott willig zu werden. Auch seine Frau gab dieses Gelöbnis ab. So knieten sie vor den Ältesten nieder, die ihnen beiden die Hände auflegten.

Als Jakob Esau später von den Kommunisten doch wieder inhaftiert wurde – insgesamt drei Mal –, ertrug Katharina auch diese entsetzlichen Zeiten. Sie musste nun darum kämpfen, wie sie den Broterwerb für ihre inzwischen große Familie sicherte, und trug diese Leiden und Nöte um des Evangeliums willen mit großer Hingabe. Am schlimmsten wurden für Jakob Esau die vielen Verhöre und dann der Gerichtstag mit dem Urteilsspruch. Aber er wusste, dass er Christus durch sein Leben und Tun unbedingt bezeugen wollte. Denn wer für seinen Herrn leidet, darf auch die Freuden wahrnehmen, die er den Seinen bereitet. Für ihn war es der schönste Augenblick, als er endgültig die Strafanstalt verlassen durfte.

Voll froher Erwartung, nun seine Lieben endlich in die Arme zu schließen, trat er seine Heimreise an. Noch wenige Tage zuvor hatte er seiner Frau in einem Brief mitgeteilt, dass er wohl noch lange in Ketten gebunden sein werde. Als er aus dem Bus ausstieg, traf er auf der Straße zufällig mit Katharina zusammen. Sie war gerade unterwegs, um mit zwei Eimern Wasser aus einer Pumpe zu holen. Eine andere Reisende, die auch aus diesem Fahrzeug ausgestiegen war, sprach seine Frau an. „Na Katharina, kennst du deinen Mann denn gar nicht mehr?" Erst jetzt schaute sie auf und war von seinem Anblick total überrascht. Herzlich nahm Jakob seine Frau in die Arme und drückte sie an sich. Dies war der schönste Augenblick nach vielen schweren Jahren des Leidens und der Entbehrung. Als sie dann beide ihre Wohnung erreichten, schickte Esau seine Frau zu den Kindern vor. Sie sollte erst den Kleinen die frohe Nachricht überbringen. Ein Freudenschrei erhob sich, als sie ihrem geliebten Vater in den Armen lagen. Diese Freude lässt sich nicht mit Worten beschreiben. Auch die Brüder und Schwestern aus der Gemeinde waren vor Freude und Dankbarkeit über dieses Wunder sprachlos. Das Lob Gottes für seine Befreiung wollte nicht enden. Großes hatte Gott getan und ihm allein gebührte die Ehre und der Ruhm.

Während ich hier das Leben von Jakob Esau beschreibe, werde ich an einen Psalm erinnert. Dort brach auch der Jubel aus, als das Volk Israel aus der Gefangenschaft befreit wurde und in seine Heimat zurückkehren konnte:

„Wenn der Herr die Gefangenen Zions erlösen wird, werden wir sein wie die Träumenden. Dann wird unser Mund voll Lachens und unsere Zunge voll Rühmens sein. Dann wird man sagen unter den Heiden: Der Herr hat Großes an ihnen getan. Der Herr hat Großes an uns getan; des sind wir fröhlich. Herr, bringe zurück unsere Gefangenen, wie du die Bäche wiederbringst im Südland. Die mit Tränen säen, werden mit Freuden ernten. Sie gehen hin und weinen und streuen ihren Samen und kommen mit Freuden und bringen ihre Garben" (Psalm 127).

Unsere kleine Küche

Es ist kurz nach Weihnachten. „Na, wer klingelt denn schon so früh an unserer Tür?", muss ich denken, als es frühmorgens schellt. Ich mache auf und vor mir steht Herr Lautermann, mit einem vollgepackten Wägelchen. „Frau Bormuth, ich habe bei Ihnen ein Zimmer gemietet. Könnte ich nicht jetzt schon einziehen? Das Wetter ist umgeschlagen und die Nachtfröste beginnen. Auch wenn ich einen warmen Schlafsack habe, ist es zu gefährlich, bei solch hohen Minusgraden unter der Brücke zu schlafen. Deshalb bin ich nun schon mit Sack und Pack zu Ihnen gekommen. Sicher werden Sie mich aufnehmen. Das Amt hat mir gesagt: ‚Sprechen Sie mit Frau Bormuth, die findet immer noch ein leeres Bett.'"

„Aber Herr Lautermann, unser Mietvertrag beginnt doch erst an Neujahr. Ihr Einzug bei uns ist für den 1. Januar geplant, und heute ist erst der 29. Dezember. Am Silvestertag will der alte Mieter ausziehen. In der Gisselberger Straße finden Sie vielleicht noch einen Schlafplatz. Ich kann ja mal für Sie dort anrufen."

„Nein, Frau Bormuth, in der Diakonie kann ich immer nur drei Nächte im Monat schlafen. So lauten die Bestimmungen. Das habe ich schon getan."

„Aber Herr Lautermann, unser Haus ist bis auf den letzten Platz belegt." Niedergedrückt steht dieser Obdachlose vor mir und lässt seinen Kopf auf die Brust fallen. Was mache ich nur mit meinem Bruder der Landstraße? Auch ich habe soeben den Wetterbericht in den Nachrichten gehört und von dem plötzlichen Frosteinbruch erfahren. Ich überlege hin und her und lasse in Gedanken alle Zimmer unseres Hauses an mir vorüberziehen. Wo könnte dieser Mann einige Nächte lang bei uns einen Unterschlupf finden? Die Vorstellung, dass er erfrieren könnte, treibt mich um. Plötzlich fällt mein Blick auf die Matratze, die hinter unserem Sofa ihren Platz gefunden hat. Mir geht ein Licht auf. Ich werde diesen Mann in die Küche legen. Zwischen Herd und Kühlschrank ist genügend Platz für ihn. Außerdem bewegt mich das Jesajawort: „Brich dem Hungrigen dein Brot und die, so im Elend sind, führe in dein Haus." (Jesaja 58,7) Dieser Vorschlag nimmt mir und auch meinem neuen Gast die Niedergeschlagenheit:

„Das wäre wunderbar, Frau Bormuth", ruft er aus. „Über diese warme Stube würde ich mich sehr freuen. Ich helfe Ihnen auch, die Matratze in die Küche zu tragen."

Unser beider Problem ist gelöst und ich atme tief durch. „Ihren vollgeladenen Wagen und den Rucksack können Sie auf die Terrasse unter den Balkon stellen. Da ist genügend Platz und Ihre Sachen sind gegen Schnee und Regen geschützt." Mir selbst fällt ein Stein vom Herzen. Ich brauche nun unseren Bruder der Landstraße nicht wieder in die Kälte hinauszutreiben. Und dann bitte ich ihn noch: „Ist es Ihnen recht, wenn Sie morgen früh so gegen halb acht aufstehen? Dann brauche ich nämlich die Küche, um das Frühstück zu richten."

„Das ist für mich kein Problem, denn ich gehöre sowieso zu den Frühaufstehern."

„Dann haben wir auch diese Frage gelöst." Heute habe ich einen Menschen glücklich gemacht. Vielleicht ist es dem Wirt in Bethlehem ähnlich ergangen, als er für Maria und Josef nur noch einen Platz im Stall hatte. Am

Abend bezieht Herr Lautermann fröhlich sein neues Quartier mit Sack und Pack und ich bin über diese Lösung froh.

Eine schöne Ferienzeit für die Kleinen

Einer unserer 17 Enkel arbeitet in einem Kinderheim in Berlin als Erzieher. In den Weihnachtstagen hat er mich besucht und mir viel von seinen Lieblingen erzählt, natürlich ohne ihre Namen zu nennen. So wachsen mir diese Kleinen mehr und mehr ans Herz. Er ist glücklich darüber, dass er in einer solch fröhlichen Schar leben darf und sich von ihr angenommen weiß. Meist kommen diese Schätzchen aus schwierigen und notvollen familiären Verhältnissen. Einige von ihnen haben schlimme Erfahrungen durchleiden müssen. So ist es dringend nötig, dass sie sich geliebt wissen und viel Schönes erleben. Allein die Liebe kann ihre Wunden heilen. Wenn die Ferienzeit anbricht, überlegt die Leitung des Heimes, wo es möglich ist, für ihre kleinen und größeren Schätzchen einige Ferientage zu verbringen. Leider muss aber stark gespart werden, denn das Budget vom Sozialamt ist nicht sehr ergiebig.

Als unser Enkel davon erzählt, kommt mir

ein guter Gedanke in den Sinn. Ich kenne die Freizeitstätte des Diakonissenhauses in Elbingerode. Ein großes, wunderschönes Gelände mit viel Wald umgibt das Freizeitheim. Ich erkundige mich, was für die Kleinen ein achttägiger Aufenthalt dort kosten würde, und staune, wie günstig die Preise sind.

Kinder von drei bis sieben Jahre zahlen 8 Euro täglich. Für die Größeren bis 17 Jahre kostet der Tagessatz 17 Euro. Dazu kommt noch eine tägliche Gebühr pro Aufsichtsperson von 25 Euro.

Mein Mann überschlägt die Kosten und freut sich über meine Pläne. So rufe ich die Leiterin des Heimes an und bitte sie, einen günstigen Termin für ihre Lieblinge in der Ferienzeit zu buchen. Die Rechnung geht an mich, und mein Sparbuch gibt diese Summe gut her. Unser Enkelsohn freut sich über meinen Vorschlag und bespricht alles mit der leitenden Diakonisse. In Gedanken sehe ich schon die Kinder vor mir, wie sie voller Begeisterung in den Bus Richtung Harz steigen. Dort wartet auf sie ein wunderschönes Freizeitgelände. Während der Ferientage können die Kinder auch das Schwimmbad benutzen, das zum Mutterhaus gehört. Auch fröhliche Wanderfahrten mit der kleinen Brockenbahn sind möglich. Da ich die Diakonisse dieses Kinderheims gut kenne, weiß ich, dass sie den Kleinen täglich auch eine gute Botschaft aus der Bibel übermitteln wird. Jesus wird der kleinen Truppe ganz nahegebracht durch die Gebete und die fröhlichen Glaubenslieder. Und solche Erfahrungen sind ein Geschenk für das ganze Leben. Jesus sagt selbst: „Lasset die Kindlein zu mir kommen und wehret ihnen nicht, denn ihnen gehört das Himmelreich."

Mir aber bleibt die Freude über diese gute Idee. Sie aktiviert mich zum fröhlichen Tun, und schon am nächsten Tag überweist mein Mann den Freizeitbetrag an die Diakonisse. Die Kinder sollen strahlen vor Freude.

Der Erweckungsprediger von Finnland

In den Weihnachtstagen bleibt mir immer viel Zeit zum Lesen. So beschäftigte ich mich in diesem Jahr mit der Erweckungsbewegung in Finnland. Mein Mann versorgte mich bestens mit passender Literatur zu diesem Thema und ich war begeistert bei der Sache. Ein treuer Zeuge Gottes hat mich fasziniert. Von ihm will ich berichten.

Eine Bewegung hin zu Gott entfachte Paavo Ruotsalainen. Er war ein bevollmächtigter Bote und hat in seiner Heimat Finnland eine Erweckung von großem Ausmaß ausgelöst. Geboren wurde er am 9. Juli 1777 in Tölvänniemi, das in Mittel Finnland liegt. 75 Jahre wurde er alt und verstarb am 27. Januar 1852 in Nilsiä. Er gehörte nicht zu den Gebildeten und hat nie eine höhere Schule oder Universität besucht. Von Beruf war er Bauer, aber nicht mit großen Reichtümern gesegnet. Von ihm wird erzählt, dass er in jungen Jahren nie etwas geschrieben hat. Aber gelesen hat er viel und sich so Wissen angeeignet. Schon als Sechsjähriger las er

dreimal die Bibel durch. Von Geschichts-
schreibern wurde er später „Prophet der
Wildnis" genannt.

Paavo war innig in seinem Herzen von der
Liebe und Heiligkeit Gottes ergriffen. Er sah
sich vor das Angesicht des Höchsten gestellt
und erkannte seine eigene Verlorenheit und
sein sündiges Wesen, sodass er von seinem
Elend innerlich umgetrieben wurde. Lange
suchte er Frieden in seinem Schöpfer zu finden, wusste aber nie, wie ihm dies gelingen
könnte. Unruhig war er und todunglück-
lich. Wollte er Gott nahekommen, dann er-
schrak er und empfand Gott als den gerech-
ten Herrn, vor dessen Gerichtsurteil er sich
beugen musste.

Für ihn wurde es ein glücklicher Tag, als
ihm der Name eines Menschen bekannt wurde, der vom Evangelium erfasst war und der
ihm in seiner entsetzlichen Not helfen konnte. Es soll ein etwas merkwürdiger Schmied
gewesen sein, der aber ein intensives Gespräch mit seinem Schöpfer führte. Mehrere
Hundert Kilometer von Paavo entfernt lebte
er. Von ihm war bekannt, dass er auch anderen den Weg zu Gott zeigen konnte. Nun
war Paavo nur noch von dem einen Wunsch

beseelt, diesen Nachfolger Jesu Christi aufzusuchen.

Ohne mit seinen Eltern darüber zu reden, machte er sich auf den Weg. Mit einem Rucksack auf dem Rücken ging er von Haus zu Haus und suchte den Gottesmann, von dem er nur vom Hörensagen wusste. Das war ein hartes Unterfangen, denn die Familien lebten in Finnland meist kilometerweit voneinander entfernt. Die finnische Wildnis war gefährlich. Viele wilde Tiere lebten dort, die sein Leben hätten bedrohen können. Wenn er auf seinem Weg die Bewohner nach diesem gläubigen Schmied fragte, lächelten sie nur und verstanden sein Anliegen nicht. Manchmal hielten sie ihn auch zum Narren. Paavo litt auch unter der schrecklichen Kälte.

Einmal wurde er von einem mächtigen Schneesturm überrascht, als er über einen zugefrorenen See ging, und geriet dabei in Todesgefahr. Er verirrte sich auf seiner Reise und wusste schließlich nicht mehr aus noch ein. Aber plötzlich entdeckte er in der Ferne ein Licht. Das war seine Rettung. So ging er auf das Haus zu und fand die Bäuerin, wie sie mit einem Kienspan zufällig in ihren

Stall gehen wollte. Der junge Mann sah darin die wunderbare Führung seines Gottes. Seine Reise, die er zu Fuß zurücklegte, war unendlich lang. Aber schließlich erreichte er doch sein Ziel und traf auf den Schmied, der gerade den Hammer über dem Amboss schwang. Vor diesem gläubigen Christen konnte er sich all seine Not vom Herzen reden. Es wurde ein langes Beichtgespräch.

„Dir fehlt nur eines", sagte der Schmied, „das feste Vertrauen in die Macht deines Heilandes, die Geborgenheit bei Jesus. Ihn gilt es zu erkennen und zu lieben." Diese Worte waren wie eine heilende Salbe auf seine kranke, angeschlagene Seele. Der große mächtige Knoten in seinem Herzen wurde gesprengt, als er sich von der Liebe Gottes umfangen wusste. Nun quälte ihn kein grusliges, schlimmes Gericht mehr, sondern der Glanz des liebenden Gottes umstrahlte ihn. Sein schuldvolles Leben durfte er vor seinem Herrn ausbreiten und Vergebung für alle Sünden erfahren. Er wusste: Jeder, der zu Gott kommen wollte, musste aufrichtig vor seinen Herrn treten und Worte für seine Schuld finden. Dann würde seine zerschlagene Seele bei dem Erlöser zur Ruhe kommen.

Für Paavo begann ein glückliches Leben. Er begann, sich eifrig mit Gottes Wort zu beschäftigen. Die Wahrheiten der Bibel erschienen ihm wie neu geschenkt und er brauchte niemanden mehr um Rat zu fragen oder um Hilfe zu bitten. Sondern jetzt schlüpfte er in die Rolle dessen, der andere tröstete, die in Anfechtungen geraten waren. Schon als er sich auf dem Heimweg befand, traf er auf einen älteren Mann, dem er die rettende Botschaft von Gottes gnädigem Handeln sagen durfte und der dann Jesus in seinem Herzen aufnahm. Fortan konnte dieser Herr fröhlich und zufrieden weiterleben und war ausgesöhnt mit Christus.

Einmal wurde Paavo auf der Bischofssynode gefragt, wer ihm denn so gute Kenntnisse in der Heilsgeschichte vermittelt hätte. Darauf antwortete er, dass er dies nur in der Schule der Rindenbrotfabrik verstanden habe. Ganz neu wurde er an die entsetzliche Armut, an den Hunger, an die gefährlichen Zeiten erinnert, als der Frost das Getreide zerstört hatte und die Menschen kaum überleben konnten. Da hatten die Bäuerinnen gemahlene Kiefernrinde in den Teig gemischt. Aber nun war dieses Elend vorüber. Den Menschen auf dem Land ging es besser.

Es gab ein Ereignis in seiner Jugend, das er nicht vergessen konnte. Eine Diebin war eines Tages in sein Haus eingedrungen. Als sie die schreckliche Armut erkannte, gab sie ihr Vorhaben auf. Bevor sie das armselige Haus schnell wieder verließ, um unbemerkt zu bleiben, legte sie sogar noch etwas Geld und ein schmackhaftes Brot auf den Tisch.

Paavo hatte eine harte Kinder- und Jugendzeit. Nach seiner Bekehrung lernte er, von Gottes wunderbarer Gnade zu leben, und er hasste die Eigenliebe, Scheinheiligkeit und eigenes frommes Getue. Ihm war ein neuer Weg mit Jesus für seine Zukunft aufgetan. An einen Freund schrieb er: „Wenn ihr arm im Geist seid, dann seid ihr reich in Gott, obwohl ihr dies nicht selbst wissen dürft. Diese Kenntnis ist verborgen, damit ihr nicht stolz werdet. Wir müssen Zeugnis des Heiligen Geistes und Ruhe in Gott haben. Deshalb müssen wir warten, sehnen und als nackt und waffenlos vor dem Angesicht Christi sitzen. Rase und flattere nicht in finsteren Tagen, sondern warte auf den Herrn."

Paavo sah seine Aufgabe darin, die Gläubigen in der Erkenntnis Gottes zu fördern. So reiste er in seiner Heimat umher, um den Menschen zu dienen. Für ihn war es wichtig, dass die Christen aufrichtig in den Geboten Gottes wandelten und in einer innigen Verbundenheit mit ihrem Schöpfer lebten. Auf äußerliche Zurschaustellung der Frömmigkeit legte er überhaupt keinen Wert. In seiner derben, bäuerlichen Art sagte er jeder Form der frommen Schauspielerei den Kampf an. Menschen, die fünfmal am Tag auf ihren Knien herumrutschten und vor aller Augen beteten, während sie ihr Haupt in den Staub der Straße legten, waren ihm ein Gräuel.

Aber eine große Freude empfand er, wenn sich viele in die Gemeinschaft mit Jesus rufen ließen. Selbst an den Universitäten in Finnland lernten die Studenten nach Gott und seinem Wort zu fragen. Dreimal unternahm er aus diesem Grund eine beschwerliche Reise nach Helsinki. Er wurde sehr mutig in seinem Dienstauftrag. Einmal sollte ein Laienprediger zu einer Geldstrafe verurteilt werden, weil er rings in seinem Land Andachten hielt. Da reiste Paavo bis nach

Petersburg, um die Angelegenheiten der erweckten Christen vor Zar Alexander zu bringen. Seine Leute in Finnland brauchten treue Verkündiger des Wortes Gottes, damit das Evangelium in die Herzen der Menschen ausgestreut würde. Ein lutherischer Bischof wollte die Laienprediger fördern. Aber dies gelang ihm nicht. Verständnislose Behörden und orthodoxe Geistliche suchten weiterhin, mit strengen Maßnahmen die Ausbreitung des Evangeliums zu verhindern. Und doch gelang es ihnen nicht, die Erweckung einzudämmen. Wenn Gottes Winde kraftvoll wehen, dann kann keine irdische Macht die Ausbreitung der göttlichen Botschaft hindern. Gläubige Pfarrer, die die Erweckung vorantreiben wollten, wurden sogar zeitweilig ihres Amtes enthoben. Paavo selbst musste ein großes Opfer bringen. Die Feinde der Erweckung waren so aufgehetzt, dass sie seinen einzigen Sohn erschlugen. Aber trotz aller schweren Anfechtungen kämpfte er weiter um die Ausbreitung des Evangeliums. Die Liebe seines Heilandes konnte ihm keiner entreißen. Jesus blieb sein Erlöser, sein Retter und himmlischer König.

Lilli — eine russische Freundschaft

Ein Gefangener erzählt:

Bald würde es wieder Weihnachten in Sibirien werden und wir brauchten ganz dringend Heu für unsere Pferde. In den kurzen Sommermonaten hatten wir das Gras auf den Wiesen gemäht, konnten es aber nicht über den Fluss transportieren, da das Wasser noch nicht zugefroren war. Aber nun hatte sich auf dem Strom eine Eisdecke gebildet und mit fünfzehn Pferdeschlitten und 30 gefangenen Helfern fuhren wir los. Ein russischer Leutnant und zwei Posten bewachten uns. Es war zwar sehr kalt, aber im Laufe des Tages zeigte sich am Himmel heller Sonnenschein. Wir waren mit dicken Pelzmützen und Pelzmänteln bekleidet. Auch dick gefütterte Wattejacken schützten uns vor der Kälte. An den Füßen trugen wir Filzstiefel, sodass wir diese Fahrt sogar genossen.

Endlich konnten wir unser Lager, in dem wir eingepfercht waren, für eine gewisse Zeit verlassen. In Privatquartieren wurden wir untergebracht. Ich kam zu einem Tischler, der in einem schönen, leidlich sauberen Holzhaus wohnte. Nach dem Krieg hatte er es sich bauen können. Meine Wirtsleute nahmen mich freundlich auf und führten mich sofort in die warme Küche. In einer Ecke hingen an den Wänden eine Reihe Bilder von Heiligen, sodass ich davon ausging, dass diese Menschen hier fromme Leute waren. Auf ihrer Eckbank boten sie mir einen Platz an, während die Mutter schon die Kapustasuppe auf den Tisch stellte. Saftige Krautblätter schwammen darin herum. Dazu durfte ich noch ein Stück Speck und russisches Schwarzbrot essen, das bei keiner Mahlzeit fehlte. Das Töchterchen saß an meiner Seite und schmiegte manchmal seinen Kopf an meine Brust.

Die Unterhaltung mit Lilli verlief nur bruchstückhaft, denn sie sprach nur wenige Worte in deutscher Sprache. Weil mein Russisch auch mangelhaft war, blieb die Verständigung teilweise auf der Strecke. All die Fragen, die mir das Mädchen stellte, konnte ich ihr leider nicht beantworten. Zum Glück trat der Großvater in die Küche ein. Etwas wirr hingen ihm die grauen Haare um den Kopf. Freundliche blaue Augen blickten mich an und ein langer weißer Bart zierte sein Gesicht. So hätte ich mir in Deutschland einen Nikolaus vorgestellt. Nur noch der weite rote Mantel, die schöne rote Zipfelmütze und die lange Rute in seiner Hand fehlten ihm. Der Opa sprach etwas Deutsch und dazu ein etwas seltsames drolliges Englisch. Er war früher weit in der Welt herumgereist. Schon 1910 war er bis nach Amerika gekommen. Damals hatte er auch die Stadt Bremen kennengelernt. Am meisten hatten ihn dort mehrere Kirchen beeindruckt und er war der Meinung, dass die Deutschen fromme Leute sein müssten. Es tat ihm leid, dass er nach drei Jahren wieder nach Russland heimgefahren war. Viel Not und manche Probleme in seinem kommunistischen Land wären ihm sonst erspart geblieben. Aber sicher sollte auch dies Gottes Weg für ihn sein. Sein Enkeltöchterchen saß still neben mir und hörte mit großen Augen seinen Erzählungen zu.

Diese Menschen hier waren überaus freundlich und gastfrei. Ich hatte es mit meiner Unterbringung wirklich gut getroffen. Lilli wich mir nicht mehr von der Seite. Es brachte mich zum Staunen, als die Mutter

mir sagte: „In der Zeit der deutschen Be-
satzung ist es uns nicht schlecht ergangen."
Und der Großvater fügte hinzu: „Das hing
wohl damit zusammen, dass ihr in Deutschland christlich gesonnen seid. Ihr seid in eurem Land einfach gute Leute."

Immer wenn ich das Haus dieser Familie
betrat, lief mir Lilli in die Arme, setzte sich
zu mir und zog mir anschließend auch die
Filzstiefel aus. Sie brachte mir Hausschuhe,
die aus Stroh hergestellt waren. Die Kleine
lachte und schwatze und ihr Mund stand gar
nicht mehr still. Mir tat es gut, dass ich die
Liebe dieser Familie in reichem Maße spüren
konnte. Das kleine russische Mädchen gewann mich sogar lieb. Darüber staunte sogar
ihre Mutter und Opa nickte dazu: „Yes, deut-
sches Kamerad gutt, verry gutt!" Dann fing
er an, noch einmal von seinen interessanten
Reisen in seiner Jugend zu erzählen. Gerade
in Amerika hatte er so manches Abenteuer
erlebt. Lillis Vater aber sah es nicht so gerne,
dass sich seine Familie mit dem Deutschen
anfreundete. Zum Glück war er nur selten
zu Hause, höchstens am Sonntag.

Wochen zogen darüber ins Land, bis alles
Heu über den zugefrorenen Fluss gebracht

war. Ein gewaltiger Heuschober türmte sich nun in unserem Lager auf und die Fütterung unserer Tiere war gesichert. Uns ging die Arbeit gut und schnell von der Hand und der Leutnant mit seinen Posten war mit uns zufrieden. Mit meinen freundlichen Gastgebern konnte ich noch Weihnachten feiern, ehe wir Abschied nahmen. Aber mir wurde mein Herz doch schwer, als ich an diesem Abend an zu Hause dachte und in Gedanken meine Lieben unter dem geschmückten hell erleuchteten Tannenbaum sah. Ja, ich hörte sogar die Glocken läuten und hätte mich am liebsten dem langen Zug, der zur Kirche eilte, angeschlossen. Wehmut bedrückte mich und ich bewegte in mir die Frage: Werde ich je wieder das Christfest bei meinen Lieben zu Hause feiern können?

In dieser russischen Familie brachten mir fast alle viel Liebe entgegen. Die Mutter backte sogar für die Festtage Weißbrot, und Chleba (eine Art Brot) kam nicht mehr auf den Tisch. Opa schenkte mir Tabak von der guten Sorte und eine Flasche Schnaps. Dann erzählte der Alte mit feierlicher Stimme die Weihnachtsgeschichte, wie sie im Lukasevangelium berichtet wird. So drang auch bis in mein Herz der Ruf des Engels: „Fürchtet euch nicht, denn ich verkündige euch große Freude, die allem Volk widerfahren wird. Denn euch ist heute der Heiland geboren, welcher ist Christus, der Herr."

Schließlich kam aber doch der Tag, an dem ich mich von der liebenswerten Familie verabschieden musste, denn es ging zurück in unser tristes Lager. Die Mutter packte mir noch ein Stück Speck in die Tasche und schenkte mir Brot für die Reise. Am schwersten fiel mir der Abschied von meiner kleinen Lilli. Sie weinte bitterlich, als wir uns zum letzten Mal die Hände reichten. Wir waren wirklich in solch kurzer Zeit zu Freunden geworden.

Langsam setzten sich die Schlitten in Bewegung. „Dasswidonja!", wurde uns noch nachgerufen und ich winkte zurück. Am Ende unseres Trecks saß ich auf dem Pferd, das uns als Reservepferd dienen sollte, wenn es auf der langen Schlittenpartie eine Panne gab. Kurz bevor die Straße eine Biegung machte, blickte ich noch einmal zurück. Lilli stand noch immer am Gartenzaun. In der Wintersonne leuchtete ihr rotes Kopftuch. In der Hand hielt sie ein weißes Tuch, mit

dem sie mir noch einen Abschiedsgruß zu-
wedelte. Lilli war gerade mal vier Jahre alt,
und ich mit meinen grauen Haaren hätte
auch ihr Opa sein können. Eng fühlte ich
mich mit diesem lieblichen Kind verbunden.

Drei Sack Kartoffeln

Schon früh am Morgen klingelte bei uns das Telefon. „Ich bin Frau Thome und möchte Ihnen drei Sack Kartoffeln vorbeibringen. Wir haben in Marburg einiges zu erledigen und möchten bei Ihnen auf diesem Weg kurz hereinschauen. In diesem Jahr war die Ernte wirklich großartig. Sie wissen sicher selbst, wie sehr wir gerade in der Landwirtschaft vom Wetter abhängig sind. Auf dem Acker haben wir so viele Kartoffeln geerntet wie selten in den vergangenen Jahren. Ich weiß, dass Sie, liebe Frau Bormuth, um bedürftige Menschen bemüht sind. Und da kam ich auf den Gedanken, Sie an unserem Kartoffelsegen zu beteiligen. Verteilen Sie die Kartoffeln unter denen, die sich darüber freuen und sie auch bitter nötig haben."

Ich selbst kann das Wunder nicht fassen. Welch ein Vorrecht ist es jetzt für mich in dieser Weihnachtszeit mit dem Auto zu hilfsbedürftigen Menschen zu fahren und sie am Erntesegen zu beteiligen. Mich macht der Gedanke sehr froh.

Und wirklich, eineinhalb Stunden später steht das Auto aus Lixfeld vor unserer Tür. Wir laden die drei Säcke gleich in unseren Wagen, und heute Nachmittag werde ich mich auf den Weg begeben und die vollen Säcke verteilen. An zwei Familien mit kleinen Kindern denke ich besonders. Mit dankbaren großen Augen werden sie die Kartoffeln in Empfang nehmen. Das weiß ich jetzt schon. Die Väter dieser Familien brauchen mindestens noch ein Jahr, bis sie ihre Examina unter Dach und Fach haben. Nun sind für sie die Mittagsmahlzeiten gerettet, denn oft litt ihr Portemonnaie an Schwund. Einige Kartoffeln werde ich selbst behalten und meine Obdachlosen zum Essen einladen. Ein bekömmliches frisches Gemüse aus unserem Garten und ein Kotelett werden ihnen munden, denn zum Wochenende ist meist Ebbe in ihrem Geldbeutel. Zwei unserer Brüder von der Landstraße empfangen jeden Montag ihr Essensgeld für eine Woche. Aber am Sonntag ist meist alles ausgegeben, oft für Alkohol. Dann stehen sie nicht selten vor meiner Tür und wollen sich Geld leihen. Aber diese Bettelei habe ich abgestellt, denn ich erhalte meine Geldscheine nie zurück.

Hungern aber sollen sie auch nicht, und so dürfen sie sich an unseren Tisch setzen oder sich belegte Schnitten holen. Es ist notvoll, wenn diese Männer Alkoholiker sind und für Bier mehr ausgeben als für das tägliche Brot. Für alle drei Säcke danke ich meinem Schöpfer und meiner lieben Bäuerin aus Lixfeld, die der Armen gedenkt. Nichts macht mich glücklicher, als wenn ich anderen helfen kann. Aus diesem Grunde lasse ich mir gern meine Hände mit guten Gaben füllen.

Ernst Wiechert – mein Lieblingsschriftsteller

Die Bücher von Ernst Wiechert sind mir teuer und wertvoll. Ich hatte mir diesen Schriftsteller zum Abitur im Fach Deutsch ausgesucht und aus diesem Grund seine Werke gelesen. Sie haben mich begeistert. Auch vom Leben dieses Dichters bin ich fasziniert. Lesen war schon in der Schule meine Welt und so ist es bis heute geblieben. Aus diesem Grund geriet ich öfter mit meiner Mutter in Streit, die von der Arbeit mit uns vier Kindern und der kleinen Landwirtschaft stark überlastet war. Sobald sie mich mit einem Buch in der Hand sitzen sah, hielt sie einen Auftrag für mich bereit: „Lotte, hol die Eier aus den Nestern! Miste den Stall unserer beiden Schweine aus! Komm herunter in die Waschküche und hilf mir, die Arbeitskleidung auszuwringen und sie dann auf die Leine zu hängen." Oft habe ich aufmüpfig auf ihre Befehle reagiert und noch heute bekümmert es mich, dass ich ihr Widerworte gab.

Aber die Werke von Ernst Wiechert hatten es mir angetan. Ich habe sie regelrecht verschlungen. Dieser Dichter war ein besonderer Mensch und sein Christsein beeindruckte mich tief. Von diesem großen Ostpreußen ging eine starke Leuchtkraft der sittlichen Persönlichkeit aus. Wer hätte bei seiner Geburt gedacht, dass er ein Großer im Reich der Literatur werden könnte. Auf ihn trifft Luthers Aussage zu: „Ich habe an den Großen dieser Welt, wenn sie sich zu Christus bekennen, meine ganz besondere Freude. Nicht des Evangeliums wegen. Das kann durch Gelehrte nicht gewonnen noch verloren werden, sie mögen groß oder klein sein. Aber es freut einen, wenn man so einen Bedeutenden, der in die Geheimnisse des Daseins tiefer als andere eindrang, lernbegierig und mit dem Hut in der Hand neben den noch größeren Geheimnissen Gottes stehen sieht.“

Das Licht der Welt erblickte Wiechert am 18.5.1887 in Ostpreußen. Er schreibt selbst über den Beginn seines Lebens: „Gut war es für mich, barfuß meinen Lebensweg zu beginnen und die Kühe zu hüten. Weil ich in der Stille anfing, konnte ich dem Lauten in dieser Welt nie ganz verfallen. Weil ich als Kind die Wälder schweigen und wachsen sah, konnte ich immer mit einem stillen Lächeln auf das aufgeregte Treiben sehen, mit dem die Menschen ihre vergänglichen Häuser bauten."

Das war sein Bekenntnis. Er stand zu seiner einfachen Herkunft. Die Wiesen, Felder und Wälder in Ostpreußen sind seine Heimat. Von der Nachwelt wurde er oft „Dichter der Innerlichkeit" genannt. Seine hohe Begabung machte ihm den Weg zum Hochschulstudium frei. An einem Gymnasium in Königsberg unterrichtete er junge Menschen.

Tiefe Eindrücke für das Leben wurden ihm von seinem Vater mitgegeben. Er war immer ein besonderer Mensch für ihn. Das hat ihn geprägt. Aber auch an die Mutter erinnerte er sich gern, obwohl ihr Dasein von großem Leid gezeichnet war. Nie mehr konnte er vergessen, wie sie leise weinend unter dem hell erleuchteten Christbaum saß. Sein Bruder war in jungen Jahren verstorben und die Trauer um ihr Kind hielt das Mutterherz lange gefangen. Immer war sie von der Angst getrieben, dass auch für sie kein langes Leben bestimmt sein werde. Und was würde dann aus ihren Kindern werden? Ihr war es ein Anliegen, dass die Kleinen Gott nie aus den Augen verlieren sollten. Bedeutsam waren ihre Worte: „Gott sieht durch alle Wände hindurch."

Diese Aussagen sind ein Hinweis darauf, welch gute Prägung er von seinen Eltern erfuhr. Äußerlich gesehen war sein Zuhause nicht mit Reichtum gesegnet. Ärmlich ging es in dieser Familie zu. Aber es war Vater und Mutter gegeben, die Kinder für ihre Zukunft mit dem Besten vertraut zu machen, was es gab: dem Wort der Bibel. Diese Mitgift ist nicht an Arm oder Reich gebunden. Das war wohl die tiefste Erkenntnis im Leben von Wiechert.

Auch die kleine Dorfschule prägte ihn. Wieder waren es die Geschichten aus der Bibel, die ihn beeindruckten. Er lebte mit den Erzählungen, die seine gläubige Lehrerin ihm von klein auf vermittelte. So sah er den Stern der Weisen in seiner Kindheit über dem Strohdach seines Hauses stehen. Er vernahm den Ruf des Engels: „Fürchtet euch nicht! Denn siehe, ich verkündige euch eine große Freude, denn euch ist heute der Heiland geboren." Das Blöken der Schafe auf den Fluren von Bethlehem drang an seine Ohren, und er vernahm das Trappeln der Hirten, als sie sich auf den Weg machten, um den neugeborenen Heiland zu sehen. Dann stand er selbst an der Krippe des Christuskindes, umgeben von Ochs und Esel. Ganz unmittelbar erlebte er die Ereignisse des Neuen Testaments. Es war wohl auch die besondere Begabung seiner Eltern und Lehrerin, die ihm die Ereignisse des Heilandes so nahebrachten. Oder war es seine Fantasie, dass er von den göttlichen Ereignissen tief beeindruckt wurde?

Die Ährenleserin Ruth sah er über die Stoppelfelder seiner heimatlichen Weizenfelder gehen und auf dem eigenen Hof hörte er den Hahn krähen, dessen Ruf Petrus an seine sündige Tat erinnerte. Wie konnte er nur so seinen Herrn und Meister verleugnen? Viele Tränen flossen dem Jünger dabei über die Wangen. So ergriffen war er von der Begegnung mit der Magd im Palast des Hohenpriesters. Er gewann den Eindruck, als stünde er selbst ganz nahe bei diesem traurigen, bußfertigen Jünger. Aus der Ewigkeit wirkte Gott in Wiecherts oft so kümmerliches Leben hinein. Die Ereignisse von damals übersprangen alle Räume und Zeiten und drangen in das Herz des kleinen Jungen ein, der in großer Einfachheit im Bereich der mächtigen Wälder und dunklen Seen lebte. Das himmlische Licht durchflutete ihn. Da ist es nicht verwunderlich, dass Wiechert auch heute noch von vielen Menschen begeistert gelesen wird. Er zählt zu den in Deutschland und auch im Ausland meist gelesenen Schriftstellern unserer Zeit.

Dann aber begannen ab 1933 die hohen Herren der NSDAP Ausschau nach deutschen Dichtern zu halten, die sie vor ihren ideologischen Karren spannen konnten. Ernst Wiechert schien ihnen für ihre Kulturpropaganda eine gute Spur zu legen. In den ersten Jahren seiner Jugend stand er in Gefahr, sich vom Denken des Nationalsozialismus faszinieren zu lassen. Dies erkannte er aber bald. In seinem Buch „Der Totenwolf" brachte er dies zum Ausdruck. Blut und Boden, Ehre und Heldentum und die Ablehnung der christlichen Liebe, Geduld und Leidensbereitschaft hatten ihn in seinem Denken und Schreiben verführt. Als er aber dann seinen Irrweg erkannte, kaufte er alle noch vorhandenen Exemplare dieses Werkes im Verlag auf und ließ sie einstampfen. Es war die Vollmacht des Evangeliums, die ihn wieder von seinem verderblichen Weg zurückholte.

So blieb es nicht aus, dass sein Widerstand gegen das Naziregime offenbar wurde. Goebbels hielt ihn in seinen Fängen fest. Als er sich für den Pfarrer Martin Niemöller einsetzte, brachte man Wiechert in das Konzentrationslager Buchenwald. Eine barmherzige Tat war der äußere Anlass dafür. Wiechert hatte einem Juden, der auf der Flucht war, ein Nachtquartier gewährt, und dies wurde an die Nazigrößen ausposaunt.

In dem ergreifenden Roman „Missa sine Nomine" erinnert er an diese für ihn schreckliche Zeit der Einkerkerung. Nach seiner Entlassung aus dem KZ lebte er still und zurückgezogen unter der Aufsicht der Gestapo. Später sagte er über diese Zeit: „Über all den schweren Erfahrungen blieb doch etwas, das mich nie verlassen hat. Da stand mir die Hilfe zu meiner rechten Hand, als hätte sie mich niemals früher verlassen: Es war ein Heilandswort, ein Gesangbuchvers oder der Anfang eines Psalms aus den ersten Anfängen in der kleinen Schulstube während meiner Kinderzeit oder ein Gedicht. Und erfüllt vom Leuchten und von Heiligkeit war es, so unwidersprechlich in seinem Ernst und seiner Größe, aber auch in seiner tröstenden Gewissheit, wie es nur die Dinge sind, wenn sie zum ersten Mal in unser kindliches Leben eintreten und dort eingegraben sind bis zu unserer Todesstunde. Niemals mehr haben sie mich verlassen. Sie sind so mein Eigentum geworden, wie mein eigener Atem. Sie sind in mir, ohne dass ich es weiß, ein Teil von mir, ohne den ich nicht wäre, was ich bin."

Dann kam der Tag des 24. August 1950. Wiechert wohnte damals in der Schweiz. Sein reiches Leben als Dichter neigte sich dem Ende zu. Aber er war nie untätig gewesen, sondern hatte immer fleißig gearbeitet und geschrieben. Die Manuskripte vergrub er im Garten und so wurden sie nie entdeckt. Erst nach dem Zweiten Weltkrieg veröffentlichte er sie. Als die Gefahr für ihn vorüber war, erschien sein Roman „Die Totenmesse" in der Schweiz und auch in Deutschland. Darin gedachte er all der toten

Söhne und Väter des vergangenen Krieges. Aber er vergaß auch nicht, den vielen Opfern, vor allem den zu Tode gequälten Juden, ein Denkmal in seinem Werk zu setzen. In seinem Buch „Die Jerominkinder" heißt es am Schluss: „Ruhe allen Schlafenden und Friede den Toten." Damit wollte Wiechert uns Deutsche aufrütteln und vom bisherigen Irrweg abbringen. Gott kam auch mit ihm an sein ewiges Ziel und holte ihn in seine ewige Welt hinein.

Meine kleine Schwester Lilli

Mit meiner jüngsten Schwester verbindet mich ein besonders inniges Verhältnis. Das hängt sicher auch damit zusammen, dass ich um ihr Leben große Angst hatte. Sie wurde 1946 geboren, dem Hungerjahr nach dem Krieg, und schon ihre Geburt stand unter keinem guten Stern. Es fand sich zunächst kein Auto, das meine Mutter ins Krankenhaus bringen könnte, als ihre Wehen einsetzten. Da erklärte sich unser Bürgermeister selbst bereit, Mutter mit seinem Auto, das noch einen Holzvergaser hatte, zur Entbindung nach Hersfeld in die Klinik zu bringen. Dort erblickte Lilli am 4. Dezember das Licht der Welt. Unsere Freude in der Familie war groß und wir jubelten. Die Angst, ob denn das Baby gesund geboren werden könnte, war nun vorüber. Unserem Geschwisterchen ging es gut. Die Schwierigkeiten mit dem Säugling ergaben sich erst im Sommer, als es sehr heiß wurde. So kurz nach dem Krieg gab es keine Milchautos, die mit Kühlaggregaten ausgerüstet waren. So war die Milch oft sauer, bis sie mittags in die Läden kam.

Im Sommer 1947 starben in unserem Dorf sieben Babys an Magen-Darm-Störungen. Unsere Sorge um Lilli war groß, zumal wir schon im Jahr zuvor unsere kleine Erika auf der Flucht verloren hatten. So nahm ich jeden Abend mein Kännchen in die Hand und bettelte auf den Höfen der Nachbarschaft um einen Liter Milch. Mir waren die Bauern Wetterau, Becker, Ritter und Schmidt sehr wohl zugetan. Niemals jagten sie mich armes Flüchtlingskind vom Hof. Stolz brachte ich immer die Kuhmilch nach Hause und stellte sie meiner Mutter auf den Tisch und so überlebte unser kleiner süßer Liebling. Es ging dem Säugling gut.

In der folgenden Zeit war es oft auch meine Aufgabe, das Baby zu betreuen, wenn meine Mutter meinem Vater helfen musste, für die Bewohner aus der Stadt Holz im Wald zu holen. Ich war zwölf Jahre älter als mein Schwesterchen, und so vertrauten mir meine Eltern die Jüngste gerne an. Natürlich entwickelte sich zu Lilli ein herzliches Verhältnis. Ihre Nähe beglückte mich und ich hatte viel Spaß mit dem kleinen Schatz.

Als ich viele Jahre später dann verheiratet war, verbrachte sie öfter ihre Ferien bei uns in Marburg. Nach dem Abitur zog sie sogar ganz zu uns in die Wohnung, um hier an der Universität Medizin zu studieren. Stolz war ich auf sie, denn sie war hochbegabt und das Lernen fiel ihr leicht. Ihre Doktorarbeit schrieb sie sogar mit „summa cum laude". Das ist die höchste Auszeichnung, die die Fakultät vergeben kann.

Nach ihrem Examen trennten sich unsere Wege. Ab und zu besuchten wir uns. Zum Geburtstag schrieben wir uns immer Briefe. Nach ihrem Studium heiratete sie und es tat uns gut, uns über die immer größer werdenden Familien auszutauschen. Immer kurz vor Weihnachten erreichte sie mein Brief. Ausführlich berichtete ich ihr über unser Ergehen und schrieb ihr viel über unsere fünf Kinder, von denen einige noch studierten, die Älteren aber als Pfarrer und Lehrer im Dienst standen.

In diesem Jahr war es wohl das erste Mal, dass ich keine Zeit zum Schreiben fand. Ein Krankenhausaufenthalt hielt mich davon ab. So nahm ich in aller Eile mein neuestes Weihnachtsbuch, steckte es in einen Umschlag und grüßte sie mit der Jahreslosung: „Ich will euch trösten, wie einen seine Mutter tröstet."

Anfang Januar gehörte ich selbst zu den glücklichen Geburtstagskindern und dann erreichten mich die neuesten Nachrichten von Lillis Familie. Mich wunderte es, dass sie mein Weihnachtsbuch gleich gelesen hatte, denn zuvor hatte ich mich nicht getraut, ihr mein „Geschreibsel" zuzuschicken. Diesmal überraschten mich ihre Zeilen.

„Liebe Lotte,
Gottes Segen zu Deinem Geburtstag. Ja, der Herr hat uns beide reich gesegnet. Danke für Dein kleines schönes Büchlein. Ich habe es an einem Abend durchgelesen und – wie Du – an Heiligabend Kartoffelsalat gemacht, nur nicht so viel wie Du.
Liebe Grüße an alle, Lilli und Jürgen."

Zum letzten Satz muss ich noch etwas Ergänzendes anfügen. Aus meinem Buch erfuhr Lilli, dass mein Mann und ich schon seit fast fünfzig Jahren immer fünf Eimer Kartoffelsalat selbst zubereiten, um unseren Gästen an Heiligabend ein reichhaltiges Essen auf den Tisch zu stellen. Dazu kaufe ich für unsere vielen Bedürftigen über 200 Würstchen. Da werden die Schüsseln immer leer. Diese Feier für Obdachlose, Flüchtlinge, Asylanten und Einsame muss Lilli bedeutsam geworden sein, denn sie lud sich auch Bettler und Brüder der Landstraße an Heiligabend in ihre Wohnung ein. Ihre Karte, die ich in Händen hielt, zeigte auf der Vorderseite ein Bild von Jesus mit einem seiner Botschafter. Darunter schrieb sie: Christus und die Heilige Lotte.

Ich musste schmunzeln, als ich das las. Lilli ist in ihrer Art immer originell. Mit diesen kurzen Worten wollte sie mir Anerkennung zollen. So ermutigte mich meine liebe Schwester, weiter für Gott und die Armen einsatzbereit zu sein. Ich will die Hungrigen, Obdachlosen und Nackten nicht vergessen, sondern ihnen weiter viel Gutes tun. Träge will ich auch im Alter nicht werden.

Eine wunderbare Erinnerung

Bei einer unserer Heiligabendfeiern für Bedürftige ereignete es sich, dass einer unserer Gäste – es war Rainer – sehr unruhig war und während der Predigt und meines kurzen Zeugnisses laut dazwischenredete oder sich mit seinen Kumpanen am Tisch unterhielt. Für den Prediger ist es äußerst störend, wenn während seiner Rede andere etwas hineinrufen und er so Mühe hat, sich zu konzentrieren. Alle Leute im Saal drehten sich nach dem letzten Tisch um, der in der Nähe des Ausgangs stand, und einige riefen sogar: „Ruhe!" Ich war über die Schwatzhaftigkeit des jungen Burschen beunruhigt, denn auf diese Weise konnte das Wort von Gott die Menschen nicht erreichen. So ging ich, nachdem ich meinen Teil zur Predigt beigetragen hatte, nach hinten und setzte mich zu dem unruhigen Gast. Freundlich legte ich ihm meine Hand auf seine Schulter. „Kannst du jetzt bitte ganz still sein. Gleich in der Pause, wenn die Rede zu Ende ist, werden wir viel Zeit haben, um miteinander zu sprechen." Er nickte und fortan blieb es im Saal ruhig.

„So Rainer, jetzt können wir uns miteinander unterhalten. Sag mir bitte, wo dich der Schuh drückt", forderte ich unseren Gast nach der Predigt auf. „Während die anderen Gäste für einen Augenblick vor die Tür gehen, um sich eine Zigarette anzuzünden, können wir ungestört reden. Ich bin Frau Bormuth, aber du kannst ruhig Lotte zu mir sagen, wenn dir mein Nachname Schwierigkeiten bereitet."

„Ja", begann Rainer, „du hast eben in deinem Vortrag von deiner Großmutter erzählt, wie sehr sie dich geliebt hat. Lotte, solch eine Großmutter habe ich auch gehabt. Bei ihr bin ich aufgewachsen, schon seit Kindertagen. Aber nun habe ich keine Großmutter mehr. Vor zwei Monaten ist sie gestorben. Dabei war sie noch gar nicht so alt und immer gesund. Wie konnte das nur geschehen? Sie hat sich nie für uns geschont und ihr Leben war beschwerlich. Da wir keine Mutter mehr hatten, hat sie uns Kinder bei sich aufgenommen. Sie war eine wunderbare Frau und wahrscheinlich hat sie sich für uns aufgeopfert. Doch nun lebt sie nicht mehr und wir sind allein zurückgeblieben. Ohne meine Großmutter will ich nicht mehr auf dieser Welt sein. Mich zieht es mit aller Macht zu ihr. Ich fühle mich so allein gelassen und einsam. Ich habe keinen Menschen mehr, der sich um mich kümmert und mal ein Wort mit mir spricht. Ich habe schon überlegt, was ich anstelle, um bei meiner Oma zu sein. Ich will zu ihr."

„Aber Rainer, so wie du dir das vorstellst, kannst du nicht zu deiner Oma kommen. Du sollst dir nicht das Leben nehmen, denn du bist sehr wertvoll in Gottes Augen. Aber ich sage dir jetzt, wie du auch einen so guten Weg gehen kannst, um mit deiner Oma einmal vereint zu sein. Du hast mir erzählt, wie liebevoll und fromm deine Oma gewesen ist. Sie hat dir am Abend oft biblische Geschichten erzählt und mit dir gebetet. So hat sie ein gutes Fundament für Gott in deine Kinder- und Jugendzeit gelegt. Nun ist sie bei Gott in seiner wunderbaren Herrlichkeit und darf ihn schauen, dem sie angehört hat. Wenn du dein Leben auch in Jesu Hände legst, wird dich Großmutter am Himmelstor erwarten. Christus hat uns verheißen, dass er alle, die ihn im Glauben aufnehmen, in seiner neuen herrlichen Welt empfangen will. Du kannst jetzt entscheiden, ob du den Schritt über die Linie wagst und mit Jesus leben willst."

Ein längeres Schweigen folgte. Und dann kam es leise über seine Lippen: „Ja, ich will!"

„Dann werde ich jetzt für dich beten und dein junges Leben diesem Herrn anbefehlen. Das ist die beste Entscheidung, die du heute an Heiligabend treffen kannst."

Wir falteten unsere Hände und ich rief den Namen Jesu an. Satz für Satz sprach ich ihm die Worte vor, und er wiederholte sie: „Herr Jesus, ich danke dir, dass du mich, Rainer, in deine Liebe aufnimmst. Ich will dir völlig vertrauen und auf deinen Wegen mit dir gehen. Vergib mir alle meine Schuld und lass mich mit dir ein neues Leben beginnen. Habe Dank, Herr Jesus, dass du in deine Hände einen jeden aufnimmst, der sich dir anvertraut. Amen."

Fest drückte ich Rainer die Hand. „Willst du mir noch etwas sagen?", fragte ich ihn.

„Ja, ich möchte auch noch selbst mit Jesus reden. Ich will mit dem Gebet, das mich Großmutter gelehrt hat, zu Jesus kommen."

Dann begann er das Vaterunser zu sprechen, und ich begleitete ihn mit meinen Worten:

„Vater unser im Himmel.
Geheiligt werde dein Name.
Dein Reich komme.
Dein Wille geschehe, wie im Himmel so
auf Erden.
Unser tägliches Brot gib uns heute
und vergib uns unsere Schuld,
wie auch wir vergeben unseren Schuldi-
gern.
Und führe uns nicht in Versuchung,
sondern erlöse uns von dem Bösen.
Denn dein ist das Reich und die Kraft
und die Herrlichkeit in Ewigkeit. Amen!"

So wurde Rainer an diesem Abend Christ.

Aber nun muss ich noch etwas Wunderba-
res hinzufügen:

Als wir zum fünfzigsten Mal diesen
Christabend feierten, kam eine junge Frau
auf mich zu, begrüßte mich freundlich und
fragte: „Sind Sie die alte Dame, die vor dreizehn Jahren meinem Bruder die Hand ge-
halten hat, als er über den plötzlichen Heim-
gang seiner Großmutter so traurig war?"

Ich musste mich erst ein wenig besinnen.
Doch dann erinnerte ich mich wieder an
Rainer.

„Ja, ich bin Lotte Bormuth."

„Mein Bruder hat mir von dem Gespräch mit Ihnen erzählt. Ich bin heute extra aus einer anderen Stadt zu Ihnen angereist, um Sie kennenzulernen. Sie haben meinem Bruder durch ein längeres Gespräch geholfen, in die Nachfolge Jesu zu treten. Dafür will ich Ihnen von Herzen danken. Sie müssen wissen, vor einigen Wochen haben wir Rainer zu Grabe tragen müssen. Hier in Marburg in der Uniklinik hat er sein Leben ausgehaucht und ist an einer gefährlichen Krankheit gestorben. Nun ist ihm der größte Herzenswunsch erfüllt worden. Er darf bei seiner Großmutter sein, die er wie eine Mutter geliebt hat. Nur 43 Jahre alt ist mein Bruder geworden. Aber er hat das Ziel des ewigen Lebens erreicht. Für Rainer freue ich mich, obwohl mir sein Tod auch schwer zu schaffen macht. Mir ist es oft ganz weh ums Herz. Er war ein so lieber Mensch an meiner Seite, und nun bin ich allein."

„Wäre es für Sie ein Trost, wenn wir noch zusammen Gott dafür danken würden?"

Die Schwester bejahte es und so falteten wir unsere Hände und riefen Gott im Himmel mit dem Gebet an, das ich dreizehn

Jahre zuvor schon mit Rainer gebetet hatte. Am Schluss der Feier wünschte sich seine Schwester noch, dass wir im Gedenken an ihren Bruder das Lied singen sollten:

„O du fröhliche, o du selige,
gnadenbringende Weihnachtszeit!
Welt ging verloren, Christ ist geboren:
Freue, freue dich, o Christenheit!

„O du fröhliche, o du selige,
gnadenbringende Weihnachtszeit!
Christ ist erschienen, uns zu versühnen.
Freue, freue dich, o Christenheit!

O du fröhliche, o du selige,
gnadenbringende Weihnachtszeit!
Himmlische Heere jauchzen dir Ehre.
Freue, freue dich, o Christenheit.

Für mich war diese Begegnung mit Rainers Schwester ein besonderes Geschenk zu unserem fünfzigjährigen Christfest.

Herzen werden wieder froh

Weihnachten 1950. In einem Zuchthaus liegen 200 Frauen auf ihren Strohsäcken und sind tieftraurig. Sie verstehen gar nicht, warum sie hier eingesperrt wurden und nun wie die schlimmsten Verbrecherinnen behandelt werden. Sie waren ja nur einer politischen Ideologie gefolgt und dafür mussten sie nach dem verlorenen Krieg büßen. Ihre Augen sind vom vielen Weinen stark gerötet, wenn sie an ihre Lieben unter dem Weihnachtsbaum denken. Hier im Lager erinnert aber auch gar nichts an die Heilige Nacht. Es ist schrecklich kalt im Raum und die Frauen frieren. Noch nicht einmal ein Tannenzweiglein ist ihnen geblieben. Alles, was auf die Christnacht hinweist, wurde aus den Päckchen entfernt. Als sie gegen sechs Uhr die Glocken der Stadt läuten hören, müssen die Inhaftierten besonders an zu Hause denken. Im vergangenen Jahr waren die Kirchen bis auf den letzten Platz gefüllt. Einige junge Leute hatten sich noch auf der Empore einen Stehplatz gesichert. Damals brach in ihrem Inneren der Jubel auf, als die Orgel das Lied anstimmte. Kraftvoll erklang es:

Süßer die Glocken nie klingen
als zu der Weihnachtszeit,
's ist, als ob Engelein singen
wieder von Frieden und Freud'.
Wie sie gesungen in seliger Nacht,
Glocken mit heiligem Klang,
klinget die Erde entlang!

Aber in dieser traurigen Zelle traute sich kaum jemand, einen Ton anzustimmen. Öde war es. Und doch brach auch in dieses elende Gefängnis ein Stückchen heimliches Glück. Jede der Frauen hielt ein kleines Geschenk aus ihrem Weihnachtspäckchen in Händen: eine Scheibe Stollen, ein paar Bonbons, ein Stückchen von einem Apfel oder ein paar Plätzchen aus Mutters Keksdose. Trotz der Kontrollen war doch etwas Süßes aus der Heimat in diesen hässlichen Schlafsaal hineingeschmuggelt worden. Doppelt kostbar waren ihnen diese kleinen Gaben. Sie wagten es kaum, sie in den Mund zu schieben, so wertvoll waren sie ihnen. Plötzlich stimmte eine unter ihnen – sie wurde Nachtigall genannt – leise mit ihrer klaren, hellen Sopranstimme das Lied „Stille Nacht, heilige Nacht" an. Die anderen Frauen trauten sich, leise mitzusummen.

Dann bewegte sich Lore von einem Strohsack zum andern und hielt den Frauen einen Kaffeebecher unter die Nase. „Kommt, riecht mal daran!" Etwas seltsam sah Lore mit ihrem glatt geschorenen Kahlkopf, dem gestreiften Männernachthemd und den schäbigen Unterhosen aus. All ihre Schönheit war verblasst. Vorsichtig näherte sie sich jeder einzelnen Frau mit ihrem schäbigen Becher und ließ jede daran schnuppern. Tief atmeten die Gefangenen diesen heimischen Duft ein. „Weihnachten", hauchten sie. Die Frauen wurden nun von einer einzigartigen Freude durchdrungen. Es roch wirklich so wie zu Hause in Mutters Küche in der Christnacht. „Lore, wie ist dir dieser Duft nur gelungen?", wollten die Frau wissen.

„Ich habe mir von euch immer einen kleinen Weihnachtsgruß aus eurem Päckchen geben lassen: einen Pfefferkuchen, ein Stück Apfel, etwas Apfelsinenschale, ein Stückchen Schokolade, und dann habe ich noch ein kleines Tannenspitzchen daraufgeklebt."

Woher sie das herrliche Grün hatte, verriet sie nicht. Trotz aller scharfen Kontrollen hatte es den Weg in diese erbärmliche Zelle gefunden. Einer Frau kam ein kurzer Vers von Matthias Claudius in den Sinn. Sie stand leise von ihrem Strohsack auf, legte sich ihre Wolldecke um die Schultern und ging von Pritsche zu Pritsche. Alle sollten die Weihnachtsbotschaft hören.

Ich weiß mir ein gar köstlich Ding
in der Erinnerung Schar: den Duft,
der in der Stube hing,
wenn Weihnachtsabend war.

Ich saug ihn mit der Seele ein
aus Kindheitsferne her,
er macht wie süßer, alter Wein
das Herz mir fröhlich-schwer.

Das Glockengeläut unterstrich noch diese wundersame Aussage und die gefangenen Frauen empfanden göttlichen Frieden in ihrer Brust. Nach Verzweiflung und Leid wurden ihre Herzen von unvergänglicher Schönheit durchströmt. So wurde eine einfache, blecherne Kaffeetasse zur Trägerin der

Heiligen Nacht und zauberte in diese öde
Zelle einen unvergleichlichen Glanz.

Adresse:
Lotte Bormuth
Sperberweg 8a
35043 Marburg
Tel. 06421/41347